XBRL
재무제표
작성
가이드

XBRL 재무제표 작성 가이드

발행일_ 2022년 8월 5일

지은이_ 김상노
발행인_ 이강준
펴낸곳_ 도서출판 조명문화사
서울특별시 마포구 독막로8길 10, 2층
전화 02-498-3017 팩스 02-498-3018
홈페이지 http://www.cmpress.co.kr
출판등록_ 1989년 7월 13일 제2-846호

ISBN_ 978-89-7257-524-5 93320
정가_ 15,000원

XBRL 재무제표 작성 가이드

한국XBRL본부 이사 김상노 지음

도서출판 조명문화사

목/차

제1장 XBRL 개념에 대한 이해

제2장 XBRL 재무제표 구조에 대한 전반적인 이해

제3장 XBRL 재무제표 작성 규칙의 이해

제4장 XBRL 작성기를 활용한 XBRL 재무제표 작성 사례

XBRL™

THE BUSINESS REPORTING STANDARD

제1장 XBRL 개념에 대한 이해

1. XBRL은 무엇인가?

XBRL은 eXtensible Business Reporting Language의 약어이다. 직역하면 "확장가능한 기업보고 언어"이며, 금융감독원은 "국제표준 재무보고용 전산언어"로 부르고 있다. 여기서 네 가지 중요한 의미를 찾을 수 있다.

첫째, XBRL은 기업의 재무정보 공시 방법 중 하나이다. 두 번째, 국제표준이다. 세 번째, 그럼에도 확장가능(Extensible)하다. 네 번째, 전산언어다.

XBRL은 국제적 표준이므로 기업 간 비교가능성이 높아지고, 전산언어이므로 기계가 기업의 재무제표를 읽어들여 빠르게 기업의 정보를 분석해 낼 수 있다. 다만, 국제표준을 구성할 때 국가별/업종별로 상이한 계정체계를 모두 수용할 수 없으므로 표준에서 부족한 계정과목은 각 기업이 확장할 수 있도록 한 것이다.

(그림1)은 XBRL이 디지털 보고 언어라는 점을 설명하고 있다.

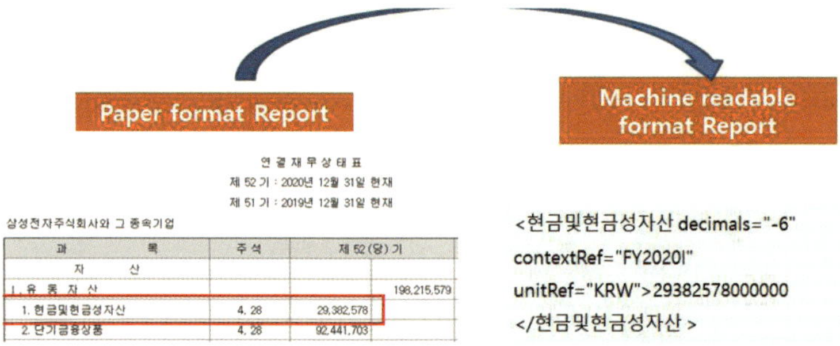

(그림1) 기업 재무 정보의 새로운 커뮤니케이션 방식

(그림1)의 좌측은 현재 공시되고 있는 형식의 재무보고 방법이다. 우측은 XBRL을 통해 컴퓨터를 활용하여 데이터를 읽어낼 수 있는 형식의 재무보고 방법이다. 좌측의 네모 박스 안의 정보는 "삼성전자주식회사와 그 종속기업의 2020년 12월 31일의 현금및현금성자산이 29,382,578천원"이라는 정보가 표 형식으로 구조화 되어 있다. 이러한 형식의 정보는 데이터를 분석하기 위해 기계가 정보를 자동으로 추출할 수 없다. 하지만, 우측의 보고 형식은 "삼성전자주식회사와 그 종속기업[1)]의 2020년 12월 31일의 현금 및 현금성자산은 29,382,578천원"이라는 정보가 XML(eXtensible Markup Language) 구문으로 구조화 되어 있어, 컴퓨터가 자동으로 정보를 추출할 수 있다.

이러한 XBRL의 특성은 빅데이터와 AI를 결합하여 혁신을 추구하는 시대 변화에 맞물려 더욱 주목받고 있다. 기존의 HTML 또는 PDF 형태의 공시자료를 활용하기 위해서는 해당 재무정보를 수작업으로 DB화

1) 해당 구문에서는 "삼성전자주식회사와 그 종속기업"이라는 회계실체(Entity)는 생략되어 있으나, 실제 구문에서는 해당 내용이 정의된다.

하거나 Kis-Value와 같은 데이터벤더(Data Vendor)가 가공한 자료를 유료로 사용해야 한다. 하지만 XBRL 재무정보는 위와 같은 노력을 대폭 줄이면서 원하는 정보를 효율적으로 빠르고 정확하게 검색할 수 있다. XBRL문서의 Tag로 마크된 정보는 컴퓨터에서 인식되므로 사람의 수작업 없이 필요 정보를 자동으로 데이터베이스에 입력될 수 있기 때문이다. 따라서, XBRL은 재무정보의 작성·공급체계뿐만 아니라 분석체계에서 패러다임의 전환을 이끌고 있다.

한편, XBRL은 표준화된 보고체계를 기반으로 하고 있어 비교가능성을 제고한다.

(그림2)는 우리금융지주와 KB금융지주의 재무상태표를 비교한 그림이다. 해당 비교한 그림에서 우리금융지주의 "현금 및 현금성자산"과 KB금융지주의 "현금 및 예치금"이 동일한 개념(Concept)인지 그렇지 않은지 정보이용자 관점에서는 판단하기 어렵다. 또한 우리금융지주의 "상각후원가측정대출채권 및 기타금융자산"과 KB금융지주의 "파생금융자산", "상각후원가측정대출채권", "투자금융자산"이 서로 동일한 개념으로 비교가능한 것인지 알 수 없다. 즉 정보이용자에게 두 재무정보는 비교가능성이 떨어진다는 것이다. 따라서, XBRL에서는 비교 가능한 재무정보체계를 위해 보고되는 개념(Concept)을 표준화한다.

우리나라 상장회사의 경우 IFRS 재무보고체계를 사용하고 있으므로 IFRS-XBRL 재무보고 표준을 사용하여 표준화할 수 있다.

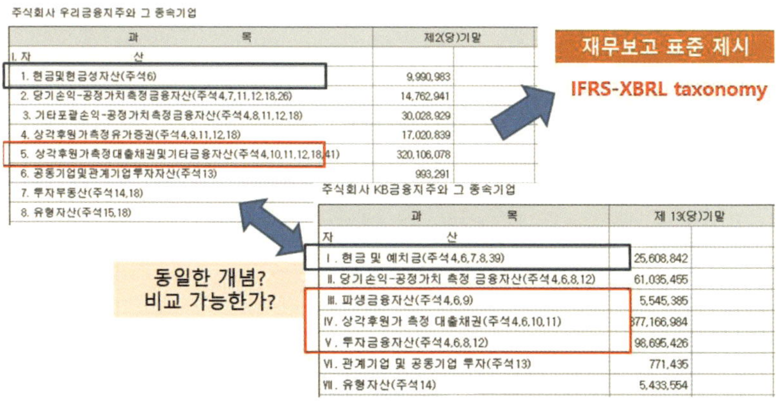

(그림2) 표준화된 보고체계를 제시 → 비교가능성 제고

따라서, 기업은 표준화된 보고체계에서 기업의 재무제표에 맞는 개념(Concept)을 선택하여 구조화하는 것이며, 만일 표시하고 싶은 개념(Concept)과 정확히 대응되는 요소(Element)가 없다면, 기업이 신규로 개념(Concept)을 신설(Extension, Customizing)하여 사용할 수 있다. 이러한 점이 XBRL이 표준이면서 확장가능한 특성을 동시에 가지고 있다고 설명되는 것이다.

2. XBRL 기반인 XML은 어떤 특성을 가지고 있는가?

회계 전문가들은 정보 생산자와 소비자가 사용할 수 있는 개방형 데이터 형식을 찾았고, 소비자가 효과적으로 이해할 수 있도록 비즈니스 컨텍스트와 함께 원시 비즈니스 데이터를 전송할 수 있는 언어가 필요했다. 또한 미래의 비즈니스 보고 요구 사항을 통합할 수 있도록 확장

(확장성) 기능을 요구했다.

XBRL은 이러한 요구 사항을 충족하기 위해 XML, XML 스키마(Schema) 및 XLink 표준을 기반으로 개발되었으며, XML은 다음과 같은 주요한 특징을 가지고 있다.

① 간편성 : 단순한 문법과 형식, Tagging과 Tree구조

② 호환성 : 모든 운영체제 상에서 호환됨

③ 확장성 : 메타 언어, 얼마든지 새로운 tag를 정의하여 사용가능

본 가이드는 XBRL의 근간을 이루는 XML에 대한 이해를 중점적으로 다루지 않는다. 왜냐하면, XBRL 작성기(Tool)를 활용할 경우 XML 프로그래밍에 대한 지식이 크게 요구되지 않기 때문이다. 따라서, 본 가이드에서는 XBRL 작성기를 활용할 수 있는 최소한의 지식을 제공하여 가이드 이용자들이 XBRL 작성기[2]를 통해 XBRL 재무제표를 만들 수 있도록 하는 것을 목표로 한다.

다만, XBRL을 이해하는 데 도움이 될 수 있도록 기본적인 XML 구조를 설명하기로 한다.

본 가이드 제2장, 제3장에서는 메모장 등 텍스트 편집기[3]를 통해 인스턴스(Instance)와 택사노미(Taxonomy) 구문(Script)을 세부적으로 제시하여 심화하고 있으므로 세부적인 XML구문은 해당 장을 참고하면 된다.

XML 문서는 하나 하나의 구성요소(Element)라는 것을 사용하여 작성하며, XML의 기본 구조는 (그림3)에서와 같이 컴퓨터가 인식할 수 있도록 전자 인식기호를 사용한다. 시작과 끝은 〈 〉과 〈/ 〉으로 정의하

2) 본 가이드에서는 FUJITSU에서 개발한 X-wand 프로그램에서 구현되는 화면을 활용했다.
3) 본 가이드에서는 메모장을 활용했다.

며, 〈 〉안에 구성요소(Element)를 기재하여 어떠한 "개념"에 대해서 데이터화하는지 알려주고 〈 〉과 〈/ 〉 사이에 값을 기재하여 해당 "개념"에 대한 값을 데이터화한다. (그림3)은 현금(Cash)이 500이라는 데이터를 컴퓨터가 인식할 수 있도록 XML 구문으로 표시한 것이다. 이러한 구문은 XML 구문의 기본이며, 추후 설명할 재무제표의 여러 가지 측면(Aspect)을 데이터화하기 위하여 추가적인 내용을 확장하여 구문을 구성한다.

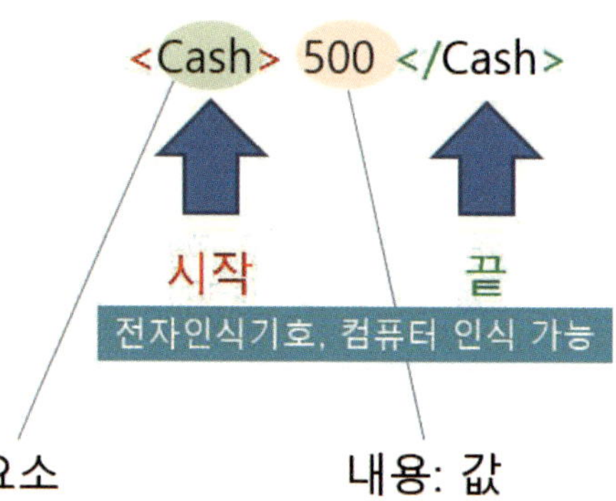

(그림3) XML 구조의 기본 요소 : 요소(Element)와 내용(Content)

위 XML 구문은 "현금(Cash)은 500이다."라는 정보를 컴퓨터가 읽을 수 있도록 구문을 만든 것인데, 화폐는 원화인지, 달러인지, 단위는 백만인지, 천원인지, 어느 시점의 재무정보인지를 포함하고 있지 않다.

만약, 화폐는 "원화"이며, 단위는 "백만"이며, 2020년 12월 31일 기준의 잔액이라고 하는 측면(Aspect)을 추가적으로 XML 구문으로 데이터화하면 다음과 같이 추가적인 정보가 (그림3)의 구문에 추가된다.

(그림4) 여러 가지 측면(Aspect)이 데이터화 된 구문

```
<Cash contextRef="FY2020I" unitRef="KRW"decimals="-6"> 500000000 </Cash>
```

"원화"라는 측면(Aspect)은 unitRef="KRW"에서 데이터화되며, "백만원"이라는 측면(Aspect)은 decimals="-6"에서, 2020년 12월 31일 시점이라는 측면(Aspect)은 contextRef="FY2020I[4]"에서 각각 데이터화된다. 해당 측면에 대한 세부적인 설명은 뒤에서 계속 설명하기로 한다. 부연하지만, 재무제표의 많은 정보를 이렇게 하나하나 XML 구문으로 표준화하는 것에 대해 두려움을 가질 필요는 없다. 왜냐하면, XBRL 작성기를 활용하면 세부적인 XML 언어의 이해 없이도 XML 구문을 작성할 수 있기 때문이다. 오히려, 기업이 표시하고자 하는 재무정보의 정확한 개념을 이해하고 이 개념에 상응하는 표준 요소(Element)를 찾고 정확한 데이터를 입력(Tagging)하는 것이 중요하다.

3. XBRL의 역사 및 각국의 도입 현황

XBRL은 1998년 미국 Charles Hoffman에 의해 시작되었다. Charles Hoffman은 AICPA(the American Institute of Certified Public Accountants)로 회계적인 지식뿐만 아니라 기술적인 문제에 대해서도 충분한 지식을 보유하고 있어 XBRL 기반 디지털 재무보고를 활용하려는 소프트웨어 개발자를 지원할 수 있었다. 1999년

4) FY2020I 아이디는 "2020년 12월 31일"이라는 기간을 정의한 것이다. 후술하는 제3장에서 자세히 설명된다.

8월 Big 4 회계법인 및 AICPA와 함께 운영위원회를 구성하였고, 2000년 4월 조직의 이름이 공식적으로 XBRL 운영 위원회로 변경되었으며, 2000년 7월 XBRL 위원회는 미국 회사에 대한 첫 번째 XBRL 사양(Specification)을 발표하였다.

현재 XBRL은 XBRL 표준 제정을 위해 결성된 국제 비영리 컨소시엄인 XBRL International에서 제정되고 있으며, 세계 50여 개 국가에서 사용 중에 있고, 매년 수백만 개의 XBRL을 활용한 보고서가 생산되고 있다. 한국에도 2007년 사단법인으로 한국XBRL본부가 출범(주무관청 산업자원부)하였고, 한국형 택사노미 개발 및 보급 등에 힘쓰고 있다.

각국의 XBRL 추진현황은 다음 (표1)과 같다.

구 분	미국	일본	유럽	대만
규제기관	증권거래위원회 (SEC)	금융청(FSA)	유럽증권시장 감독국(ESMA)	금융감독위원회 (FSC)
XBRL 도입 시기	'09년	'08년	'20년	'10년
XBRL 공시 범위	재무제표 본문 (자본변동표 제외)	재무제표 본문	재무제표 본문	재무제표 본문 (자본변동표 제외)
	주석 일부	주석 일부	주석 일부 ('22년 시행)	주석 일부 등
표준 계정과목 체계	통합형	통합형	통합형	업종별 구분
	업종별 공시 규칙 마련	업종별 공시 규칙 마련	- (제정중)	재무제표 및 업종별 구분
표준 계정과목 체계 확장성 여부	O (계정과목 추가 가능)	O (계정과목 추가 가능)	O (계정과목 추가 가능)	X
금융업종 구분	은행, 보험, 증권 (3개)	은행, 신탁, 생보, 손보 등 (11개)	- (제정중)	은행, 증권, 금융지주, 보험 (4개)
회계 기준	US-GAAP, IFRS (외국기업)	J-GAAP, IFRS	IFRS	IFRS

(표1) 각국의 XBRL 추진현황

출처: 금융감독원, 비금융업 주석사항에 대한 재무공시 선진화 추진(2020.4.28.)

한편, XBRL International이 제정하여 현재 유효한 주요 XBRL Specification은 다음 (표2)와 같다.

- XBRL 2.1
- XBRL Dimensions 1.0
- Formula 1.0
- Inline XBRL 1.1
- XBRL Global Ledger 2017

(표2) 주요 XBRL Specification

XBRL을 활용한 각국의 공시 현황을 살펴보면, 미국은 2009년 XBRL 공시를 도입한 이래, 재무제표 외에도 주석 정보에 대한 XBRL 공시를 의무화하고 있고, 유럽연합의 경우, 2022년부터 주석사항을 포함한 재무제표 전체 항목에 대한 XBRL 공시를 의무화하였다. 우리나라는 2007년에 (구)기업회계기준 기반 XBRL 재무제표 공시를 시작하였고, 2011년 한국채택국제회계기준에 맞추어 상장기업의 회계정보를 XBRL을 통하여 공시하도록 하고 있다. 하지만, 주석을 대상으로 한 XBRL 공시는 의무화되지 않은 상황이다.

최근 들어 우리나라 XBRL 환경에 변화가 일어나고 있다. 금융감독원이 국제적 추세에 발맞추어 상장기업의 재무제표 주석도 XBRL로 공시하는 것을 추진하고 있는 것이다. 2020년 4월 28일, 「비금융업 주석사항에 대한 재무공시 선진화 추진」에 금융감독원 보도자료에서 금융감독원은 '21년도 결산 사업보고서부터 주석 데이터를 입수·활용하는 것을 목표로 2021년에 DART시스템 개선 등 기술구현을 추진하는 일정으로 XBRL 주석 공시 의무도입을 천명하였다. 금융감독원은 발표된 로드맵에 따라 2020년에 비금융업 XBRL 주석 표준체계를 수립하는 용역을 완료하였으며, 현재 금융업 재무제표 및 주석에 대한 XBRL 표준체계 및 작성규칙 마련과 XBRL 작성기 사업을 추진 중에 있다.

4. XBRL 도입의 기대효과

XBRL은 표준 택사노미를 사용하게 되므로 기업 간, 국제 간 비교가능성이 향상된다. 또한, 재무정보를 디지털 체계로 구조화하므로 재무정보 오류를 최소화하고, 정보이용자는 큰 비용 부담 없이 빠르게 기업 재무정보 취득이 가능하여 재무정보의 작성·공급체계뿐만 아니라 분석체계에서 패러다임이 바뀌게 된다.

주석 정보까지 XBRL로 공시하게 되면, 투자자 입장에서 리스약정, 이연법인세자산, 하이브리드 증권 등 주석에서 파악 가능한 기업의 세부 재무 정보를 대량 수집하여 보다 정밀한 기업평가가 가능할 것이다.

Better : More Effective Use
- 유통되는 기업정보의 질과 정확성 개선
- 기업정보의 비교/분석 능력이 증가됨

Faster : More Quickly and Often
- 기업정보 유통시간 단축
- 기업 내/외부의 의사결정 시간 단축

Cheaper : Less Resource Required
- 데이터를 읽고, 이해하는 분석비용 절감
- 데이터를 재작성하거나 재입력 필요성 감소

(그림5) XBRL의 기대효과

기업은 투자자가 주석 재무정보를 투자의사결정에 보다 적극적으로 활용하게 되므로 재무정보 품질을 보다 높이려는 노력으로 이어질 것이다. 또한, XBRL에 내장된 연산기능을 통해 재무제표 본문과 주석 간의 내용 불일치 등 오류가 자동 식별되며, 표준양식에 맞춰 지분구조 변동, 약정사항, 특수관계자 거래 등 주요사항의 누락 등이 방지되므로 재무제표의 오류가 방지될 수 있다. 따라서, 이러한 XBRL의 기능적 특성과 XBRL 주석 적용에 따라 재무정보 품질을 높이려는 기업의 노력은 기업의 회계투명성을 더욱 높이는 결과로 이어질 수 있다.

xBRL™

THE BUSINESS REPORTING STANDARD

제2장 XBRL 재무제표 구조에 대한 전반적인 이해

1. XBRL 재무제표를 만들기 위한 재무제표[5]의 분해

XBRL의 운영 방식은 재무제표의 정보 덩어리(Junk)를 원자(Atom)단위로 분해하여 구조화하는 것이다. 따라서, 회사의 재무제표를 XBRL 재무제표로 보고하기 위해서는 재무제표를 세부적으로 분해하여야 한다.

XBRL 운영방식을 이해하기 위해서 실제 재무제표를 분해해 보기로 하자.

(그림6)을 보면, 보고서를 크게 3개로 구분하여 설명할 수 있다.

① 첫 번째는 사실(Fact)이다.

"29,382,578"은 재무제표 작성자가 정보이용자에게 알리고 싶어하는 사실(Fact)이다.

② 두 번째는 개념(Concept)이다.

"29,382,578"은 개념을 매칭하기 전까지는 "현금및현금성자산"인지, "매출"인지 알 수 없다. 즉 사실에는 사실에 의미를 부여하는 개념이 필요한 것이다. (그림6)에서 사실 "29,382,578"의 의미는 "현금및현

---

5) XBRL을 활용한 보고서는 기업의 재무제표 뿐만 아니라 다양한 비즈니스 보고서에 활용될 수 있으나, 본 가이드의 주된 작성 대상인 재무제표를 대상으로 설명하기로 한다.

금성자산"이다. 따라서, 이러한 사실에 대해 의미를 부여하기 위한 개념이 필요하다.

③ 세 번째는 사실을 설명하는 다양한 측면(Aspect)이다.

사실은 여러 가지 측면으로 설명이 추가될 수 있다. (그림6)에서 "29,382,578"은 회계실체(Entity)가 "삼성전자"이고, 시기(Period)는 "2020년 12월 31일"이고, 통화는 "원화(KRW)"이며, 표시는 "백만"이 된다.

이렇게 세 가지로 구분된 데이터를 가지고 하나의 문장(Context)[6]으로 만들어 보면, "삼성전자의 2020년 12월 31일 현재, 현금및현금성자산은 29,382,578원입니다"가 된다.

즉, XBRL은 재무제표 생산자가 작성한 보고서의 정보가 기계어(XML)를 활용하여 세부적으로 DB화되므로, 기계가 쉽게 읽어 들여 정보이용자가 정보를 빠르게 구조화할 수 있게 된다는 점에 착안한 보고방식이다.

---

6) 문장(Context)은 XBRL에서는 여러 사실(Fact)에서 공유 및 재사용되어 인스턴스의 많은 공간을 절약할 수 있도록 생성되는 것으로 회계실체명(Entity), 기간(Period) 등을 정의한다. -이는 후술할 인스턴스를 세부적으로 설명하는 부분에서 설명하기로 한다.- 따라서, 엄밀히 말하면, 각주 5의 문장(Context)은 XML 기반의 XBRL에서의 Context 정의와는 다르지만, XBRL 구조를 이해하는 측면에서 사실(Fact)별로 기재되는 문장들을 Context로 이해해도 큰 무리는 없을 것이다.

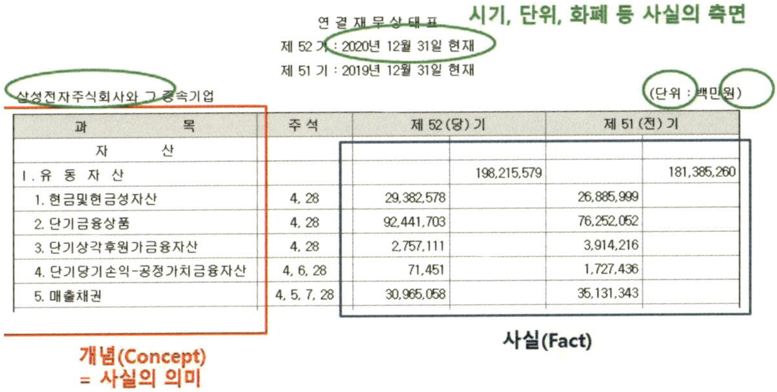

연 결 재 무 상 태 표

제 52 기 : 2020년 12월 31일 현재

제 51 기 : 2019년 12월 31일 현재

삼성전자주식회사와 그 종속기업 (단위 : 백만원)

과 목	주 석	제 52 (당) 기		제 51 (전) 기	
자 산					
Ⅰ. 유 동 자 산			198,215,579		181,385,260
1. 현금및현금성자산	4, 28	29,382,578		26,885,999	
2. 단기금융상품	4, 28	92,441,703		76,252,052	
3. 단기상각후원가금융자산	4, 28	2,757,111		3,914,216	
4. 단기당기손익-공정가치금융자산	4, 6, 28	71,451		1,727,436	
5. 매출채권	4, 5, 7, 28	30,965,058		35,131,343	

(그림6) 재무제표 분해 예시

한편, (그림6)의 연결재무상태표에서 보고된 사실(Fact)들 12개(198,215,579부터 35,131,343까지)를 원자(Atom)단위로 분해하여 구조화하면, 다음 (표3)과 같다. XBRL은 이렇게 재무제표의 사실(Fact)들을 원자(Atom)단위로 분해하여 DB화하고, 원자(Atom)단위로 분해한 DB를 기계가 읽어들일 수 있는 XML 구문으로 표현해 내는 것이라고 할 수 있다.

No	사실 (Fact)	개념 (Concept)	회계실체 (Entity)	통화 (Unit)	시기 (Period)	표시단위 (Decimals)
1	198,215,579	유동자산	삼성전자	원화	2020-12-31	백만(-6)
2	29,382,578	현금및현금성자산	삼성전자	원화	2020-12-31	백만(-6)
3	92,441,703	단기금융상품	삼성전자	원화	2020-12-31	백만(-6)
4	2,757,111	단기상각후원가금융자산	삼성전자	원화	2020-12-31	백만(-6)
5	71,451	단기당기손익-공정가치금융자산	삼성전자	원화	2020-12-31	백만(-6)
6	30,965,058	매출채권	삼성전자	원화	2020-12-31	백만(-6)
7	181,385,260	유동자산	삼성전자	원화	2019-12-31	백만(-6)
8	26,885,999	현금및현금성자산	삼성전자	원화	2019-12-31	백만(-6)
9	76,252,052	단기금융상품	삼성전자	원화	2019-12-31	백만(-6)
10	3,914,216	단기상각후원가금융자산	삼성전자	원화	2019-12-31	백만(-6)
11	1,727,436	단기당기손익-공정가치금융자산	삼성전자	원화	2019-12-31	백만(-6)
12	35,131,343	매출채권	삼성전자	원화	2019-12-31	백만(-6)

(표3) (그림6) 정보를 사실(Fact) 별로 구조화한 표

2. 택사노미 문서[7]와 인스턴스 문서

XBRL에서 재무제표의 데이터는 (표3)과 같이 구조화된 사실(Fact) 별로 XML 문장을 만들어 보고한다(행당 하나의 사실).

예를 들어 (표3)의 No.1의 정보는 〈유동자산[8]contextRef="FY2020I" unitRef="KRW" decimals="-6"〉 198215579 〈/유동자산〉,

No.2의 정보는 〈현금및현금성자산 contextRef="FY2020I" unitRef="KRW" decimals="-6"〉 29382578 〈/현금및현금성자산〉으로 작성된다.

---

7) IFRS 택사노미와 같이 표준 계정과목 체계 구조가 정의되어 있는 택사노미와 비교하기 위해서 택사노미 "문서"라는 명칭으로 설명한다. 통상적으로는 택사노미로 불리운다.

8) IFRS 택사노미에서는 name이 영문으로 되어 있으나 이해를 돕기 위하여 한글로 표시하였다.

이때, 유동자산, 현금및현금성자산과 같은 요소(Element)는 개념(Concept)으로 재무제표의 정보(사실(Fact))를 공유하고 비교가능하도록 기능하는 부분이다.

이처럼 재무제표의 정보를 공유할 수 있도록 개념을 정의하고 관계[9]를 설정하는 문서가 택사노미 문서이다. 이러한 택사노미 문서는 한번 설정해 놓으면, 회사의 영업이 바뀌지 않으면 해당 택사노미 문서를 계속 사용할 수 있다. 마치 Dart파일에서 재무상태표 형식은 계속해서 사용하면서 기수만 변경하여 숫자를 입력하는 것과 같다. Dart파일에서 숫자가 입력되기 전 재무상태표 형식을 XBRL의 택사노미 문서로 이해하면 보다 와 닿을 것이다(그림6에서 사실과 사실의 여러 가지 측면 정보가 입력되기 전 상태).

(그림7)에서 왼쪽의 IFRS 택사노미에서 선택한 개념(Concept) 구성요소(Element)와 해당 관계를 구조화해 놓은 문서가 택사노미 문서이다. 택사노미 문서는 단순한 개념(Concept)의 나열이 아니라 계층화된 체계를 정의해준다. (그림7)에서는 현금 및 현금성자산, 단기금융상품 등의 상위 개념(Concept)이 유동자산이라는 관계를 정의해 준다.

9) 개념 간의 관계를 정의하는 부분은 presentation linkbase에서 세부적으로 다룬다.

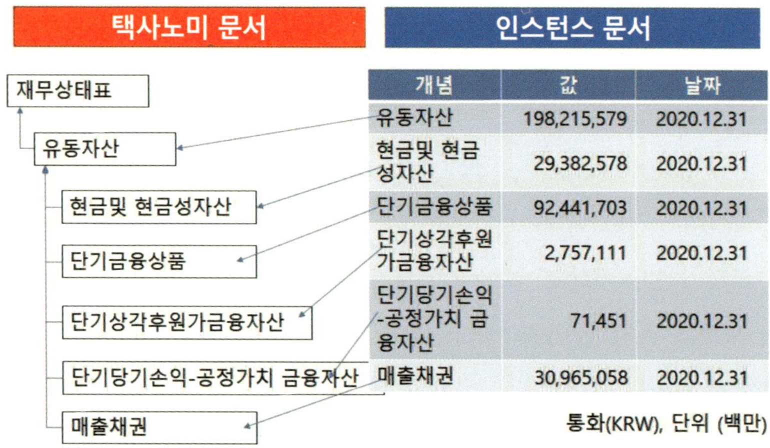

(그림7) 택사노미 문서와 인스턴스 문서의 구성 예시

이렇게 만들어진 택사노미 문서를 기반으로 재무제표의 사실(Fact)별로 XML 구문을 만들어 모은 것이 XBRL 인스턴스 문서[10]가 되고, 이를 택사노미와 같이 제출하게 된다. XBRL 인스턴스에는 사실(Fact)이 라인별로 보고되며, 사실의 의미인 개념(Concept)과 해당 사실(Fact)을 설명하는 측면(Aspect)으로 태깅(Tagging)[11]된다. (표3)이 재무제표 사실의 전부라고 가정한다면, 12개의 사실(Fact)이 인스턴스 문서에 보고된다. 이때, 인스턴스에서 사용하는 개념(Concept)은 앞서 설명한 바와 같이 정보생산자가 정의하는 것이 아니고, 표준화를 위해 사전에 정의된 분류체계를 선택하여 사용[12]하는 것이며, 택사노미 문서에서 구조화

10) 사용되고 있는 영어를 한국어로 번역하기보다는 외래어화해서 기재하기로 한다.

11) "태그가 붙는다"로 이해하면 되겠다. 우리가 보통 구매하는 제품에 태그(Tag)를 보면, 해당 제품의 치수, 제조국가, 성분 등이 표시되어 해당 제품을 이해할 수 있도록 하는 것과 유사하다. XBRL 태그는 해당 사실에 첨부되어 컴퓨터가 판독 가능한 식별자이다.

12) 앞서 설명한 바와 같이 표준화된 내용에서 개념이 동일한 요소(Element)를 찾을 수 없으면 확장(Extension, Customizing)할 수 있다.

된 체계와 연계된다. 따라서, 인스턴스를 제출할 때는 이러한 분류체계가 포함된 택사노미 문서를 같이 제출한다.

(그림7)에서 인스턴스 문서는 해당 인스턴스 문서의 개념이 택사노미에 정의되어 있는대로 연계되어 구현(Display)되는데, 이때 인스턴스 문서의 문장별 개념이 택사노미의 개념 체계와 맞지 않으면 오류가 발생된다.

이렇듯 사실(Fact)을 기계가 읽을 수 있는 XML 방식으로 보고한다는 점만으로는 XBRL은 성공하지 못했을 것이다. 정보 생산자가 자신의 재무제표 상의 개념과 작성 규칙을 개별적으로 결정한다면 비교가 불가능하기 때문에 자동화의 이점을 완전히 상실했을 것이기 때문이다. 따라서, 택사노미 문서는 사실에 연계되는 개념 등이 표준화되어 있다. 그렇게 하면 정보이용자들이 데이터를 비교가능할 수 있도록 공유할 수 있게 된다.

3. 택사노미 문서의 구조

택사노미 문서는 XML 스키마(Schema, 확장자가 .xsd인 파일, XBRL에서 XML schema는 택사노미 스키마로 불리운다. 따라서 이하 스키마는 "택사노미 스키마"를 의미한다.)와 해당 스키마에 포함되거나 해당 스키마에서 직접 참조하여 연계하는 링크베이스(Linkbase)로 구성된다.

linkbase는 표시(Presentation) 링크, 정의(Definition) 링크, 이름(Label) 링크, 계산검증(Calculation) 링크로 구성된다((그림8) 참조).[13)]

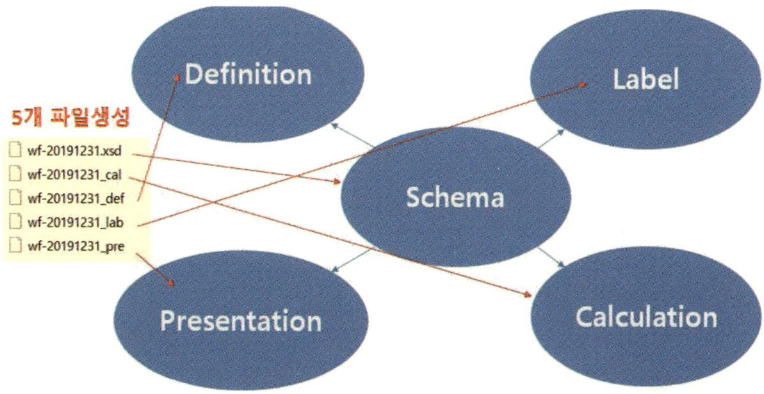

(그림8) 택사노미 문서의 구성

컴퓨터가 XBRL 인스턴스 문서를 불러올 때(Load), XBRL 인스턴스 문서는 인스턴스 문서 안에 기록된 택사노미 스키마를 찾게 되며, 해당 택사노미 스키마와 연결된 각 스키마[14)]와 링크베이스를 찾아 불러오게 된다. 이때 인스턴스 문서에 저장된 내용의 XBRL 스키마와 각 링크베이스를 불러오지 못하면 오류가 발생하게 된다.

이상의 택사노미 문서는 개별 회사의 보고서 체계에 따라 세팅되게 되면, 보고서 체계에 변동이 없을 경우 매해 다시 사용될 수 있다(인스

---

13) 추가적으로 reference linkbase가 있으나 중요도가 낮아 본 가이드에서는 다루지 않는다.
14) 해당 스키마에 모든 것을 정의하는 것이 아니라 사전에 정의된 스키마(예: IFRS 택사노미)를 불러오면 효과적으로 XML 스키마를 구성할 수 있는 것이다.

턴스 문서만 새로 생성하면 된다).

다음은 택사노미 문서를 구성하는 스키마(Schema)와 각 링크베이스에 대해서 설명하기로 한다.

3-1. 스키마(Schema)

스키마(Schema)는 간단히 말하면, XBRL 재무제표 형식(Form)을 만드는 데 사용될 수 있는 모든 구성요소(Element)들의 이름과 속성 등이 정의된 목록(List)[15)]이다. 스키마(Schema)는 단순한 목록(List)이기 때문에 우리에게 익숙한 보고서의 체계(Hierarchy)는 아니다. 보고서의 체계는 후술할 Presentation Link에서 정의된다.

스키마는 다음과 같은 구성요소로 이루어진다.

① 네임스페이스(Namespace) : 스키마에서 사용하는 구성요소(Element) 등이 정의된 외부의 스키마(예: IFRS 택사노미[16)]...) 및 스키마 접두어를 정의

---

15) 저자는 XBRL강의를 할 때 스키마를 "Lego Box"로 비유한다. 표준화된 "Lego block"들이 모여있는 박스이며, 설계도에 따라 맞추어 조립하면, 배가 되기도 하고, 공룡이 되기도 하고, 자동차가 되기도 하는 것이다. 여기서 설계도는 택사노미 문서의 "presentation link"와 유사하며, "Lego Box"는 스키마에 포함되어 있는 각종 "element"와 유사하다.

16) IFRS 택사노미는 본 가이드에서 설명하는 택사노미 문서와는 다른 개념으로, IFRS 회계기준의 XBRL 재무제표를 만들기 위한 요소(Element)를 정의한 목록으로 이해하면 된다. 해당 XBRL 재무제표에 적용되는 규정(Regulation)에 따라 XBRL 재무제표에 적용한 개념체계들로 이 또한, 스키마(Schema)로 불리운다. 현재 우리나라 상장기업은 IFRS 회계기준을 적용하므로 기본적으로 사용하는 스키마는 IFRS 택사노미이다.

(예 : IFRS 택사노미의 접두어 "ifrs-full"을 정의한 사례 : xmlns:ifrs-full="http://xbrl.ifrs.org/taxonomy/2021-03-24/ifrs-full")[17]

② 링크(linkbaseRef) : 본 스키마 파일과 관련된 linkbase 파일 정보(표시(Presentation) 링크, 정의(Definition) 링크, 이름(Label) 링크, 계산검증(Calculation) 링크)를 열거.

(예 : 표시(Presentation) 링크를 열거한 사례 : 〈link:linkbaseRef xlink:type="simple" xlink:href="kb-20211231_pre.xml" xlink:role="http://www.xbrl.org/2003/role/presentationLinkbaseRef" xlink:arcrole="http://www.w3.org/1999/xlink/properties/linkbase" /〉)

③ 임포트(Import) 영역 : 다른 스키마에서 정의한 개념(Concept)에 변화를 주지 않고 그대로 사용

(예 : IFRS 택사노미를 사용(Import)하는 사례 〈import namespace="http://xbrl.ifrs.org/taxonomy/2021-03-24/ifrs-full" schemaLocation="http://xbrl.ifrs.org/taxonomy/2021-03-24/full_ifrs/full_ifrs-cor_2021-03-24.xsd" /〉)

해당 스키마를 임포트(Import)할 때에는 실제 해당 스키마 위치까지 정의해 줌으로써, 택사노미 문서에서 해당 스키마를 임포트(Import)할 수 있도록 해준다. 예를 들어 택사노미 문서에서 인스턴스 스키마를 임포트(Import) 할 때 해당 스키마 로케이션인 "http://www.xbrl.org/2003/xbrl-instance-2003-12-31.xsd"까지 택사노미 문서의 스

17) 이하 설명하는 택사노미 문서와 인스턴스 문서의 XML 구문(Script)은 2021년 12월 31일 기준 재무제표를 SEC에 공시한 자료를 바탕으로 구성하였다.

키마에 정의해 주는 것이다(다음 박스 참조).

```
<import namespace="http://www.xbrl.org/2003/instance" schemaLocation=
"http://www.xbrl.org/2003/xbrl-instance-2003-12-31.xsd" />
```

④ 롤 타입(Role Type) : 보고하려는 정보를 그룹핑(Grouping)하여 역할(Role)을 정의(예: "재무상태표", "손익계산서", "주석 2. 유의한 회계정책" 등)
(예 : 재무상태표를 역할(Role)로 정의한 사례 : 〈link:roleType roleURI="http://www.m.kbfg.com/role/ConsolidatedStatementsOfFinancialPosition" id="ConsolidatedStatementsOfFinancialPosition"〉
〈link:definition〉1002 - Statement - Consolidated Statements Of Financial Position〈/link:definition〉
〈link:usedOn〉link:presentationLink〈/link:usedOn〉
〈link:usedOn〉link:definitionLink〈/link:usedOn〉
〈link:usedOn〉link:calculationLink〈/link:usedOn〉
〈/link:roleType〉)

⑤ 보고서 구성요소(Element)에 대한 정의 : 임포트(Import)한 표준 스키마에서 정의되어 있지 않은 구성요소(Element)에 대해서, 해당 보고서에서 사용(Customizing)할 수 있는 구성요소(Element)를 정의
(예 : id에 "kb" 접두어를 붙여 각 속성을 부여하여 확장(customizing)한 사례 : 〈element name="FinancialInvestments" type

="xbrli:monetaryItemType" abstract="false" xbrli:periodType ="instant" nillable="true" id="kb_Financial Investments" substitutionGroup="xbrli:item" xbrli:balance="debit" /〉)

"⑤ 보고서 구성요소(Element)에 대한 정의" 부분에서는 구성요소(Element)들의 이름(Name)뿐만 아니라 구성요소들(Element)에 대한 기간(Period), 데이터 유형(Type) 등의 속성(Attribute) 정보를 정의한다. 이는 정보 생산자가 XBRL 재무제표를 작성할 때 적절한 아이템을 선택했는지 확실하게 결론낼 수 있도록 하며, 사실(Fact)을 기록할 때 입력되는 값의 형식을 제한하는 역할을 한다. 예를 들어, "현금" 개념(Concept)은 일반적으로 화폐 유형(MonetaryItemType)을 갖는다. 이는 현금이라는 구성요소(Element)가 보고될 때 그 값(Value)이 금액일 것임을 사전에 선언한 것이다. 반대로 구성요소(Element) "회계정책주석" 개념은 일반적으로 인스턴스 문서에서 보고될 때 해당 개념에 연계된 값이 문자열로 해석되도록 문자열 유형을 갖는다. 따라서, 임포트(Import)된 표준 스키마뿐만 아니라 택사노미 문서의 스키마 문서에도 구성요소(Element)에 대해서 속성(Attribute) 정보를 정의하여야 한다.

구성요소에 대한 속성(Attribute) 정보의 세부작성 규칙은 "제3장 XBRL 재무제표 작성 규칙의 이해"에서 다룬다.

3-2. 표시 링크(Presentation Link)

스키마 파일에는 XBRL 재무제표를 만드는 데 사용되는 구성요소(Element)들의 이름과 속성이 열거식으로 정의되어 있다. 따라서, 보고서의 체계(Hierarchy)를 정의하기 위해서 Presentation Link를 생성한다. (그림6)을 기준으로 설명하면, 스키마(Schema)에는 현금 및 현금성자산, 단기금융상품, 단기상각후원가금융자산, 단기당기손익-공정가치금융자산, 매출채권에 대한 이름과 속성을 각각 정의하지만, 이들 간의 관계는 정의하지 않는다. 즉, 현금 및 현금성자산, 단기금융상품, 단기상각후원가금융자산, 단기당기손익-공정가치금융자산, 매출채권이 각각 동일 수준으로 유동자산을 구성하며, 유동자산의 하위 계정과목이라는 관계를 추가로 정의하여야 한다. 따라서, 보고서 체계를 구성하기 위해서 Presentation Link를 통해 부모(Parent)-자식(Child)의 관계[18]를 정의한다. 즉, 재무제표에 표시된 대로 보고서 구성요소(Element) 간의 관계를 표현해 주는 것이다. 이러한 관계 파일은 사실(Fact)의 단순한 집합[19]뿐만 아니라 다차원(Dimension)을 구성할 때 구성요소 간의 관계를 정의한다.

표시 링크(Presentation Link)에서 표현한 parent-child 관계는 그대로 웹 상에서 디스플레이(Display)된다. 따라서, 시작(종료) 기간 값으

18) (그림6)에서 부모(Parent)는 유동자산, 자식(Child)은 현금 및 현금성자산, 단기금융상품, 단기상각후원가금융자산, 단기당기손익-공정가치금융자산, 매출채권이 된다.

19) 재무상태표와 같이 하나의 개념에 하나의 사실이 연계되는 형식을 말한다. 이 또한 표의 형식으로 구현되지만, 명시적인 다차원 구조는 아니다.

로 보고되는 구성요소(Element)의 경우, 중복되는 구성요소(Element)라 하더라도 period Start label과 period End label을 각각 선택하여 구성하게 된다. 다만, 정의 링크(Definition Link)에서는 동일한 테이블(Table)에서 중복되는 구성요소(Element)를 정의할 수 없으므로 하나의 구성요소(Element)만 표현된다.

3-3. 정의 링크(Definition Link)

Presentation Link는 보고서 이용자에게 보고서 구성 요소를 표시하는 방법에 관한 정보를 부모(Parent)-자식(Child)의 관계로 정의하는 것이다. 그러나, Presentation Link에서는 어떠한 유효성도 검증하지 않는다. 따라서, XBRL 택사노미를 구성하는 정보생산자의 입장에서는 Presentation Link에서처럼 사실과 개념이 어떻게 표시되어야 하는지 고려하지 않고, 아크롤(Arc Roles)을 사용하여 보고서 구성요소 간의 관계를 정의하는 데 집중하여 관계가 유효한지 확인하는 목적이다.

Definition Link는 선택 사항이지만 보고된 사실이 일관되고 의미가 있는지 확인하기 위해 차원(Dimension)을 구성할 때는 반드시 정의되어야 한다.

차원(Dimension)을 구성하기 위한 아크롤(Arc Roles)과 차원(Dimension)을 구성하기 위한 구성요소 간의 관계는 "제3장 XBRL 재무제표 작성 규칙", 10. Dimension 구조에서 자세히 설명하기로 한다.

3-4. 이름 링크(Label Link)

이름 링크(Label Link)는 정보생산자와 정보이용자가 XBRL 구성요소(Element)를 효과적으로 이해하도록 이름을 커스터마이징(Customizing) 하는 것이다. 예를 들어 XBRL 재무제표의 손익계산서를 구성할 때, IFRS 택사노미에는 "수익"이라는 표준 이름을 가지고 있지만, 정보생산자인 기업에서 "매출액"이라는 이름으로 공시를 하고 싶다면, IFRS 택사노미에서 "수익"이라는 개념을 선택하고, 해당 개념에 이름은 "매출액"이라고 부여할 수 있다. 이러한 개념의 여러 가지 이름들이 모여있는 것이 Label Link이다.

따라서 IFRS 택사노미에서 정보생산자인 기업이 해당 기업의 재무보고 구성요소의 개념에 맞는 요소(Element)를 찾아 XBRL 택사노미 보고서를 구성하되, 해당 기업의 보고서를 정보이용자들이 효과적으로 이해할 수 있도록 이름은 해당 기업의 편의에 맞게 커스터마이징(Customizing)할 수 있는 것이다.

Label은 하나의 구성요소(Element)에 다양한 형식의 레이블을 정의해서 사용할 수 있고, preferred label을 지정함으로써 그 중 하나를 선택할 수 있다.

다음은 Label의 종류이다.

종류	의미
label	Concept의 표준레이블
terse label	Concept의 줄임말레이블
verbosel label	Concept의 확장레이블
negated label	표시된 값에 "-"를 붙이는 레이블, 예를 들면 인스턴스의 값이 200이라면 디스플레이되는 값은 –200이며, 인스턴스의 값이 –200이라면, 디스플레이되는 값은 200이다.
total label	총계로 보고되는 Concept의 레이블
period Start label	기간 중 시작값을 보고하는 Concept의 레이블
period End label	기간 중 종료값을 보고하는 Concept의 레이블

예를 들어, id가 "ifrs-full_Assets"인 "자산"의 개념의 표준이름(label)이 "Assets"이지만, 재무상태표에서 자산 총계 사실(Fact)을 연계하는 "ifrs-full_Assets"에는 총계로 표시되는 총계이름(Total Label)이 보다 적절할 수 있다. 따라서, "Total assets"이라는 총계이름(Total Label)을 정의하고, "ifrs-full_Assets"에 preferred label로 총계이름(Total Label)을 설정하면, 총계이름(Total Label)으로 디스플레이 된다.

한편, 'terse', 'verbose' 라는 용어는 임의적인 것일 뿐이므로 재무제표 계정에 대한 표시링크베이스의 preferredLabel 내용과 일치하는 것으로 가정되는 특별한 레이블은 없다.

예를 들면 표준택사노미의 표준레이블이 "희석주당 순이익"이라는 항목은 손익계산서에 "희석주, 1주당"과 자본주석에 "1주당, 희석주"라는 레이블로 표현될 수도 있다. 두 개의 레이블이 Terse, Verbose 또는 표준레이블 등 검토 가능한 서로 다른 xlink:role 값을 갖을 수 있기 때문이다.

3-5. 계산검증 링크(Calculation Link)

보고서의 사실(Fact) 중 숫자로 된 값은 Calculation Link의 계산검증을 통해 보고서의 유효성을 검사할 수 있다. 이는 가중치(Weight) +1 또는 -1을 주어 트리(Tree)구조를 만들어서 이를 합산하여 계산검증하게 하는 방법으로 자식(Child)의 숫자를 모두 합산하여 부모(Parent)의 숫자와 비교하는 것이다.

(표3)에서는 부모(Parent)가 유동자산이고, 자식(Child)이 현금 및 현금성자산, 단기금융상품, 단기상각후원가금융자산, 단기당기손익-공정가치금융자산, 매출채권이므로 가중치(Weight)를 (표4)와 같이 주게 된다.

개념(Concept)	가중치(Weight)
유동자산	
현금및현금성자산	1
단기금융상품	1
단기상각후원가금융자산	1
단기당기손익-공정가치금융자산	1
매출채권	1

(표4) Calculation Link에서의 가중치 예시

(표4)와 같이 가중치를 주게 되면 현금 및 현금성자산+단기금융상품+단기상각후원가금융자산+단기당기손익-공정가치금융자산+매출채권이 계산이 되고 이를 유동자산과 비교하여 계산검증을 하는 것이다.[20]

20) (그림6)은 유동자산의 일부만을 인용하여 하위 자식(Child)의 합계가 상위 부모(Parent)인 유동자산과 합계가 일치하지 않는 점을 유의하자.

만약, 매출액에서 매출원가를 차감하여 매출총이익을 계산하는 구조라면 매출원가에 대한 가중치는 "-1"이 된다.

한편, 개념이 유량 정보의 속성을 갖는 것(Duration)과 저량 정보 속성을 갖는 것(Instant) 간에는 합산이 되지 않는 점을 유의하여야 한다. 즉, 유량 정보의 속성을 갖는 것(Duration)은 해당 속성을 가지는 값들끼리만 합산이 된다.

4. 인스턴스 문서의 구조

인스턴스 문서는 사실(Fact)을 전달하는 문서이다. 따라서, 구성요소와 사실(Fact)을 행별로 표시하는 내용이 가장 많다. 이외에도 인스턴스 문서에는 택사노미 문서를 합체(Assembling)하기 위해 택사노미 문서의 스키마 파일을 찾는 구문과 사용된 스키마들이 표현되어 있다. 즉, 이러한 스키마와 링크베이스를 로딩하는 과정을 통해 택사노미 문서를 합체(Assembling)시키고 인스턴스 문서의 구성요소와 사실(Fact)을 연계시켜서 XBRL 재무제표로 만드는 것이다.

```
<xbrl
  xmlns="http://www.xbrl.org/2003/instance"
  xmlns:country="http://xbrl.sec.gov/country/2021"
  xmlns:currency="http://xbrl.sec.gov/currency/2021"
  xmlns:dei="http://xbrl.sec.gov/dei/2021q4"
  xmlns:ifrs-full="http://xbrl.ifrs.org/taxonomy/2021-03-24/ifrs-full"
  xmlns:iso4217="http://www.xbrl.org/2003/iso4217"
  xmlns:kb="http://www.m.kbfg.com/20211231"
  xmlns:link="http://www.xbrl.org/2003/linkbase"
  xmlns:srt="http://fasb.org/srt/2021-01-31"
  xmlns:utr="http://www.xbrl.org/2009/utr"
  xmlns:xbrldi="http://xbrl.org/2006/xbrldi"
  xmlns:xlink="http://www.w3.org/1999/xlink">
    <link:schemaRef xlink:href="kb-20211231.xsd" xlink:type="simple"/>
```

위 박스는 KB금융지주의 2021년 12월 31일 공시된 인스턴스에서 발췌한 DTS와 ShemeRef이다. ShemeRef가 "kb-20211231.xsd" 스키마를 참조하도록 세팅되어 있으며, 해당 스키마를 찾아 해당 스키마에서 정의된 각종 스키마와 링크베이스가 어셈블링 되는 것이다.

인스턴스에는 이 외에도 Context와 Unit을 정의하여 여러 사실(Fact)에서 공유 및 재사용(ContextRef, UnitRef)되어 인스턴스의 많은 공간을 절약할 수 있도록 하는데, Context를 정의할 때에는 회계실체명(Entity), 기간(Period) 등이 함께 정의된다.

예를 들어 (그림6)에서 2020년 12월 31일 기간과, 삼성전자라는 회계실체명을 Context로 정의해 두고 12개의 구성요소와 사실(Fact)을 행별로 구문을 만드는 중에, 해당 Context를 연계하면, 인스턴스 문서의 공간이 절약되는 것이다.

다음은 KB금융지주의 2020년 12월 31일 시점의 Context를 정의한 내용이다.

```
<context id="PAsOn12_31_2020">
    <entity>
        <identifier scheme="http://www.sec.gov/CIK">0001445930</identifier>
    </entity>
    <period>
        <instant>2020-12-31</instant>
    </period>
</context>
```

(표5) KB금융지주의 instant 시점 정의 사례

context id="PAsOn12_31_2020"는 2020년 12월 31일 시점과, KB금융지주의 SEC 회사코드인 "0001445930"를 정의하여 하나의 Context를 만들어 차원(Dimension)구조가 아닌 단순한 개념에 대한 사실을 연계시키는 구조에서 행별로 구문을 만드는 데 반복하여 사용된다.

이렇게 Context를 정의하여 연계하지 않고, 다음 사실(Fact)을 행별로 구문을 만드는 중에 두 개 구문에서 위 내용을 추가한다면, 인스턴스 문서가 굉장히 커질 수밖에 없는 상황을 미루어 짐작할 수 있다.

```
<ifrs-full:CurrentTaxLiabilities
 contextRef="PAsOn12_31_2020"
 decimals="-6"
 unitRef="Unit_KRW">764981000000</ifrs-full:CurrentTaxLiabilities>
<ifrs-full:NetDeferredTaxLiabilities
 contextRef="PAsOn12_31_2020"
 decimals="-6"
 unitRef="Unit_KRW">1177799000000</ifrs-full:NetDeferredTaxLiabilities>
```

(표6) KB금융지주의 Context를 연계한 사례

XBRL™

THE BUSINESS REPORTING STANDARD

제3장 XBRL 재무제표 작성 규칙[21)]

제3장에서는 제2장에서 이해한 전체적인 구조를 바탕으로 세부적인 보고서 작성규칙들에 대해서 설명한다. 제3장에서는 실제 인스턴스 문서와 택사노미 문서를 XML 구문과 XBRL 편집기 화면을 함께 설명하면서 XBRL 재무제표 체계에 대해 이해도를 강화한다.

제2장에서 설명한 바와 같이 XBRL 재무제표는 Fact(사실)의 집합보고서인 인스턴스 문서와 Fact(사실)를 설명하기 위한 분류체계로 구성된 택사노미 문서로 구성된다. 따라서, 제3장은 크게 택사노미 문서와 인스턴스 문서의 세부사항과 다차원(Dimension)구조에 대해서도 체계적으로 설명한다.

1. 네임스페이스

XBRL 재무제표를 만들 때에는 미리 정의된 표준을 사용하여야 한다. 이때 네임스페이스는 다른 소스에서 만든 이름과 구별하는 고유한 식별자로 서로 간의 충돌을 방지한다. 예를 들어 "이익"이라는 개념에

21) XBRL Spec 2.1을 기본으로 설명하고 있다.

대응하는 구성요소(Element)는 US-GAAP 택사노미에도 있을 것이고, IFRS 택사노미에도 있을 것이다. 따라서 어떠한 회계기준의 "이익"인지를 구분해주는 네임스페이스 선언을 해야 한다. 네임스페이스 선언 방식은 "xmlns:"로 시작되며, 인터넷에서 리소스를 찾는 데 사용되는 URL 앞에 축약 단어 형식으로 표시된다.[22)]

예를들어, xbrli:context, xbrli:unit은 XBRL 인스턴스 네임스페이스 http://www.xbrl.org/2003/instance에 정의되어 있는데, 이에 대한 네임스페이스를 선언할 때 접두어 xbrli와 연결되어, xmlns:xbrli="http://www.xbrl.org/2003/instance"와 같이 선언된다.

사용되는 네임스페이스 접두어 규칙은 다음과 같다.

Namespace 접두어	Namespace 이름
link	http://www.xbrl.org/2003/linkbase
xbrli	http://www.xbrl.org/2003/instance
xl	http://www.xbrl.org/2003/XLink
xlink	http://www.w3.org/1999/xlink
xml	http://www.w3.org/XML/1998/namespace
xsi	http://www.w3.org/2001/XMLSchema-instance
xsd	http://www.w3.org/2001/XMLSchema

한편, 회사가 확장(Extension, Customizing)하는 구성요소가 있을 때, 이에 대한 정의가 필요하며, 해당 네임스페이스는 통상 소문자 회사 이니셜을 사용하여 구분해 주며, 해당 회사의 URI와 재무제표의 회계연도와 연결한다.

22) 우리가 사용하는 표준의 네임스페이스는 사전에 정의된 것이므로, XBRL 재무제표 작성 시에는 이를 선택하여 사용하면 된다.

예를 들어, KB금융지주에서 구성요소를 확장하기 위해서 확장 시 사용할 접두어 kb 네임스페이스를 택사노미 스키마의 네임스페이스 영역에 다음과 같이 선언해야 한다.

xmlns:kb="http://www.m.kbfg.com/20211231"

스키마와 링크베이스는 항상 변동이 된다. 예를 들어, 공시 항목 레이블의 괄호 내 변경 사항 반영 등이 대표적이다. 보고기간별 사업보고서에 대응하여 XBRL 재무제표가 검증되고 유지될 수 있도록 XBRL 재무제표 스키마의 targetNamespace의 versionDate를 변경하여야 한다. 예컨대, 2분기 보고서의 스키마 targetNamespace는 http://www.m.kbfg.com/20210630인 경우, 이를 일부 수정하여 3분기 보고서 스키마로 사용할 때 그 targetNamespace는 http://www.m.kbfg.com/20210930이 될 수 있다.

2. 구성요소(Element)의 속성(Attribute)

제2장에서 설명한 바와 같이 구성요소(Element)에는 일정한 속성이 부여되는데 이러한 속성을 차례대로 살펴본다.

IFRS 택사노미에서 "CashAndCashEquivalents"에 대한 이름(Name)과 속성(Attribute) 정보를 정의한 구문을 살펴보면 다음과 같다.

```
<xsd:element id="ifrs-full_CashAndCashEquivalents" name="CashAndCash
Equivalents" type="xbrli:monetaryItemType" substitutionGroup="xbrli:item"
abstract="false" nillable="true" xbrli:balance="debit" xbrli:periodType="instant" />
```

모든 구성요소(Element)에는 해당 구성요소를 식별하는 id(사례에서는 "ifrs-full_CashAndCashEquivalents")와 이름(사례에서는 "CashAndCashEquivalents")을 정의하고, 추가적으로 여러 가지 속성(Attribute)을 정의한다. id는 네임스페이스의 접두어와 "_"문자로 이름이 연결되어 만들어진다. 그리고 "ifrs-full_CashAndCashEquivalents"의 속성을 표 형식으로 나타내면 다음과 같다.

구분	해당 속성
(data) type	monetaryItemType
abstract	false
nillable	true
balance	debit
periodType	instant

substitutionGroup="xbrli:item"은 사실의 개념은 @substitution Group 속성에 〈xbrli:item〉 요소를 지정해야 한다. 따라서, 재무제표의 구성요소에 일반적으로 지정되는 속성이라고 이해하면 된다.

그 외에 "type" 등에 대해서 차례대로 설명하면 다음과 같다.

2-1. Data Type

XBRL 사실(Fact)과 관련하여 일관되고 예측 가능한 구조를 유지 관리하기 위해서는 사실(Fact)의 데이터 유형을 명확하게 정의하는 것이 필요하다. 기계에서 읽어들인 XBRL 사실(Fact)을 적절하게 번역할 수 있으려면 해당 사실이 데이터 유형에 대한 해당 시스템의 기대치를 준수해야 한다. 데이터 유형 선택은 개념에 대응하는 사실(Fact)의 검증 및 문서화를 지원하는 데도 중요하다. 예를 들어, 사실(Fact)의 데이터 유형이 양수이고 0이 아니어야 한다고 지정하는 경우, XBRL 작성기가 잘못된 사실(Fact)이 입력된다는 것을 나타내거나 오류로 보고하는 것은 쉽게 이루어 질 수 있는 것이다.

데이터 유형은 표현하려는 데이터의 특성에 따라 결정되어야 한다. 기본적으로 데이터 유형은 사실(Fact)에 대해 가능한 값(Value) 집합을 정의함으로써 분화된다. 데이터 유형은 일반적으로 숫자 또는 비숫자로 그룹화될 수 있다. 숫자 데이터 유형은 계산할 수 있고, 문자를 포함할 수 없다. 이러한 집합별로 주요한 데이터 타입을 설명하면 다음과 같다.

Data Type	설명
monetaryitemType	화폐(통화) 정보를 표현할 때 사용한다.
sharesitemType	주식 수 정보를 표현할 때 사용한다.
pureitemType	비율 등의 정보를 표현할 때 사용한다.
stringitemType	문자열 정보를 표현할 때 사용한다.
dateTimeItemType	시간을 표현할 때 사용한다.

2-2. 제목(Abstract)

보고할 수 없는 모든 개념(Concept)에는 abstract="true"이다. 즉 해당 구성요소에는 사실(Fact)을 표현할 수 없다. 말 그대로 해당 하위 구성요소들의 제목이 되어 주는 역할을 하는 구성요소인 것이다.

abstract 구성요소는 표준이름 뒤에 Abstract이라는 단어가 온다. 예를 들어, 부채의 구분이라는 제목으로 "CategoriesOfFinancialLiabilities"를 IFRS 택사노미에서 검색하면, "CategoriesOfFinancialLiabilitiesAbstract" 이름의 구성요소를 찾을 수 있으며, 해당 구성요소의 정의 내용을 IFRS 택사노미에서 가져오면 다음과 같다.

〈xsd:element id="ifrs-full_CategoriesOfFinancialLiabilitiesAbstract" name="CategoriesOfFinancialLiabilitiesAbstract" type="xbrli:stringItemType" substitutionGroup="xbrli:item" abstract="true" nillable="true" xbrli:periodType="duration" /〉

여기서 확인할 수 있듯이, "CategoriesOfFinancialLiabilities"에 Abstract가 뒤에 오며, abstract="true"이다. 여기서 유의할 점은 data type은 stringType이라는 것이다. (type="xbrli:stringItemType") 반면, "ifrs-full_CashAndCashEquivalents"의 abstract="false"이므로 사실(Fact)을 표현할 수 있으며, 사실을 표현할 때 반드시 "화폐"(MonetaryItemType)로 표현해야 하는 것이다.

한편, 엘리먼트의 abstract 속성이 'true'이면 xbrli:periodType 속성은 'duration'이어야 한다.

2-3. 공백허용(Nillable)

구성요소를 정의할 때, 공백허용(Nillable) 속성값은 특별한 경우를 제외하고는 "true"로 지정한다. 재무제표에서 값을 갖지 않는 계정이 있을 수 있으므로 개념(Concept)의 공백허용(Nillable) 속성은 "true"로 지정한다.

2-4. 차대(Balance)

차대(Balance) 속성은 자산, 부채, 자본, 수익 및 비용과 같은 회계 개념과 관련된 숫자를 사용하는 데 적용된다. 차대(Balance) 속성은 차변/대변 정보가 제공될 때 XBRL 인스턴스의 값이 작성되고 해석되는 방법에 대한 정보를 제공한다.

만약 택사노미 구성요소의 차대(Balance) 속성이 차변(Debit)인데, 인스턴스 문서에서 해당 구성요소를 대변(Credit)에 표시해야 한다면, 인스턴스의 값을 음수로 부여해야 한다. 예를 들어 "대손상각비"라는 구성요소는 차대(Balance) 속성이 차변(Debit)인데, 음수 값을 가진다면, 대변 잔액을 표현하는 것이다.

하지만, 택사노미 구성요소의 차대(Balance) 속성에 따라 인스턴스의 값을 표현하는 것이 일반적이다.

2-5. PeriodType

기간(PeriodType) 속성은 "instant"와 "duration"으로 나뉜다. "instant"는 특정 시점(지정된 날짜 기준, stock 정보)에 보고되는 개념을 표현하는 구성요소에 부여되며, 흐름 및 변동 사항(Flow 정보)을 나타내는 개념의 경우 "duration"으로 지정한다. 기간(PeriodType) 속성이 명확하지 않은 경우 기간(PeriodType) 속성은 duration로 설정된다. 보고 가능한 개념을 기반으로 사실에 대한 컨텍스트를 구성할 때 인스턴스 문서에서 이 정보를 고려해야 한다. 만약, 문장의 사실을 표현하는 개념(즉, 데이터 유형이 StringItemType인 개념)의 경우 시작 날짜와 종료 날짜는 보고서의 회계기간을 반영해야 한다. 예를 들어 12월말 법인의 2022년 3분기 재무제표를 XBRL 재무제표로 만든다면, 해당 개념에 대응되는 사실의 기간은 2022년 7월 1일부터 2022년 9월 30일이 된다. 이는 ContextRef에서 추가적으로 설명한다.

3. 신규 아이템의 생성 시 규칙 적용

앞서 설명한 바와 같이 택사노미 문서를 만들면서 표준 스키마에서 XBRL 재무제표 작성을 위한 구성요소를 찾을 수 없었다면, 구성요소를 신설(Extension, Customizing)하게 된다. 예를 들어 KB금융지주에서 재무상태표의 "Financial Investments[23]"라는 개념으로 사실을 공시하기 위해서 해당 구성요소를 IFRS 택사노미에서 찾았지만, 해당 개념의 구성요소를 수 찾을 수 없었다면, 확장을 해야 하는데, 확장할 때, 표준에서 정의한 규칙을 그대로 따라야 한다.

즉, 구성요소의 표준 이름과 id를 정의하고, 해당 구성요소의 속성을 정의해 준다.

KB금융지주의 확장된 "Financial Investments"의 경우에는 자산계정과목으로 차변에 위치하며, 화폐 값을 갖기 때문에 다음과 같이 정의된다.

〈element name="FinancialInvestments" type="xbrli:

23) 국문으로는 "투자금융자산"

monetaryItemType" abstract="false" xbrli:periodType="instant" nillable="true" id="kb_FinancialInvestments" substitutionGroup="xbrli:item" xbrli:balance="debit" />

확장된 레이블의 단어 선택은 기본 택사노미에서 사용한 용어와 가능한 일관성을 유지해야 하며, 새로운 개념을 정의한 확장은 기본 택사노미의 namespace와 구별된 그 자산의 namespace를 가져야 한다. 위 사례에서는 "kb"라는 nameapce를 가지고 있고, 스키마를 보면 "xmlns:kb="http://www.m.kbfg.com/20211231""라는 target namespace를 가지고 있다.

당연한 이야기이지만, 회사가 확장한 택사노미 엘리먼트의 name은 표준택사노미의 엘리먼트의 name과 중복되어서는 안 된다. 예를 들어 "ifrs-full_CashAndCashEquivalents"가 있음에도 "kb_CashAndCashEquivalents"를 생성해서는 안 되는 것이다.

4. DTS(Discoverable Taxonomy Sets)

XBRL에서는 인스턴스와 관련된 모든 Taxonomy Set를 DTS라고 부르는데, 일반적으로 많은 택사노미 스키마와 링크베이스로 구성된다. 인스턴스에 연결된 모든 스키마 및 링크 베이스의 집합을 검색 가능한 택사노미 집합(Discoverable Taxonomy Sets)이라고 하며 DTS로 축약된다.

인스턴스를 실행시키면, 택사노미 세트를 합체시키는데, 제일 먼저 참조하는 것은 "schemaRef"로 택사노미 문서의 스키마 파일이다. 이후에 각 스키마와 링크베이스(Presentation Linkbase 등)들이 참조되면서 택사노미 문서를 완성시킨다. 이후 인스턴스에 있는 구성요소들이 택사노미 문서와 연계되면서 XBRL 재무제표를 완성시키는 것이다.

5. Role Type

스키마에서 정의하는 Role Type은 링크베이스 파일에서 파티션 역할을 하는데, 엑셀 프로그램으로 설명한다면 별개의 Sheet 개념이다. 예를 들어 엑셀 프로그램에서 재무상태표 내용을 하나의 Sheet에 정리한다면 해당 Sheet의 Tab에 "재무상태표[24)]"라는 이름을 정의하고 해당 내용을 정리하면 엑셀 프로그램 내에서도 시트 간 링크베이스가 가능하므로, 이와 유사한 기능이라고 생각하면 된다.

Role Type을 설정할 때에는 id와 URI, 그리고, 해당 Role의 정의(Definition), 사용되는 linkbase를 정의해 주어야 한다. 이때, roleURI는 targetNamespace와 동일한 URI로 시작되어야 한다. 또한, roleURI는 /role/로 진행되어야 한다.

---

24) Tab에 적절한 제목을 기재하지 않고, Sheet1, Sheet2로 Sheet만 추가할 수도 있으나, 해당 Sheet의 내용을 Tab제목만으로 유추할 수 있도록 제목을 기재하는 것이 일반적이므로 이를 기준으로 이해하면 될 것이다.

KB금융지주를 살펴보면, KB금융지주에서 사용한 Role Type의 개수는 283개인데, 회사 정보를 나타내는 Coverpage부터 주석의 특수관계자 거래내역까지 그룹핑이 가능한 부분으로 분할하여 Role Type을 정의하였기 때문이다.

id	roleURI	definition	usedOn
ConsolidatedStatementsOfFinancialPosition	http://www.m.kbfg.com/role/ConsolidatedStatementsOfFinancialPosition	1002 - Statement - Consolidated Statements Of Financial Position	[{http://www.xbrl.org/2003/linkbase}presentationLink, {http://www.xbrl.org/2003/linkbase}definitionLink, {http://www.xbrl.org/2003/linkbase}calculationLink]
ConsolidatedStatementsOfComprehensiveIncome	http://www.m.kbfg.com/role/ConsolidatedStatementsOfComprehensiveIncome	1003 - Statement - Consolidated Statements Of Comprehensive Income	[{http://www.xbrl.org/2003/linkbase}presentationLink, {http://www.xbrl.org/2003/linkbase}definitionLink, {http://www.xbrl.org/2003/linkbase}calculationLink]
ConsolidatedStatementsOfChangesInEquity	http://www.m.kbfg.com/role/ConsolidatedStatementsOfChangesInEquity	1004 - Statement - Consolidated Statements Of Changes In Equity	[{http://www.xbrl.org/2003/linkbase}presentationLink, {http://www.xbrl.org/2003/linkbase}definitionLink, {http://www.xbrl.org/2003/linkbase}calculationLink]
ConsolidatedStatementsOfCashFlows	http://www.m.kbfg.com/role/ConsolidatedStatementsOfCashFlows	1005 - Statement - Consolidated Statements Of Cash Flows	[{http://www.xbrl.org/2003/linkbase}presentationLink, {http://www.xbrl.org/2003/linkbase}definitionLink, {http://www.xbrl.org/2003/linkbase}calculationLink]
TheParent Company	http://www.m.kbfg.com/role/TheParentCompany	1006 - Disclosure - The Parent Company	[{http://www.xbrl.org/2003/linkbase}presentationLink, {http://www.xbrl.org/2003/linkbase}definitionLink, {http://www.xbrl.org/2003/linkbase}calculationLink]
BasisOf Preparation	http://www.m.kbfg.com/role/BasisOfPreparation	1007 - Disclosure - Basis of Preparation	[{http://www.xbrl.org/2003/linkbase}presentationLink, {http://www.xbrl.org/2003/linkbase}definitionLink, {http://www.xbrl.org/2003/linkbase}calculationLink]

id	roleURI	definition	usedOn
Significant Accounting Policies	http://www.m.kbfg.com/role/Significant Accounting Policies	1008 - Disclosure - Significant Accounting Policies	[{http://www.xbrl.org/2003/linkbase}presentationLink, {http://www.xbrl.org/2003/linkbase}definitionLink, {http://www.xbrl.org/2003/linkbase}calculationLink]
FinancialRisk Management	http://www.m.kbfg.com/role/FinancialRisk Management	1009 - Disclosure - Financial Risk Management	[{http://www.xbrl.org/2003/linkbase}presentationLink, {http://www.xbrl.org/2003/linkbase}definitionLink, {http://www.xbrl.org/2003/linkbase}calculationLink]
Segment Information	http://www.m.kbfg.com/role/Segment Information	1010 - Disclosure - Segment Information	[{http://www.xbrl.org/2003/linkbase}presentationLink, {http://www.xbrl.org/2003/linkbase}definitionLink, {http://www.xbrl.org/2003/linkbase}calculationLink]

(표7) KB금융지주의 role Type list 중 일부 발췌

(표7)을 보면, 재무상태표를 표시하기 위해서 먼저 재무상태표라는 id (ConsolidatedStatementsOfFinancialPosition)[25]를 생성하고, roleURI는 스키마에서 target namespace로 지정한 URI("xmlns:kb="http://www.m.kbfg.com/20211231"인 "http://www.m.kbfg.com/20211231")에 "/" 문자 뒤에 id를 붙여 쓴 방식이다.

해당 id의 정의(Definition)는 일정한 숫자(KB금융지주의 경우 1001번부터 1283번까지의 올림차순으로 숫자를 부여함) 뒤에 재무제표 본문(Statement)인지 주석(Disclosure)인지를 구분하는 내용을 기재하고 그 뒤에 id의 내용을 띄어쓰기로 표시하고 있다.

25) id 생성 시는 공백(Space) 없이 붙여쓰고, 단어마다 대문자로 기재하는 룰에 따라 명명하였다.

Role Type을 정의할 때 각 Statement는 재무재표에 나타난 순서대로 표시하고, 주석의 내용은 Statement 뒤로 위치한다. 일련번호를 부여할 때는 정해진 규칙은 없으나 주석 번호와 일치시키거나, 일련번호의 올림차순으로 적는 것이 일반적이다.

그리고 이러한 Role Type에는 해당 Role Type이 어떠한 linkbase에서 사용되는지 정의해 주고 있다. 일반적으로 정의된 Role Type은 표시 링크(Presentation Link), 정의 링크(Definition Link), 계산검증 링크(Calculation Link)에서 사용된다.

KB금융지주의 스키마에 표현된 XML 구문의 예는 다음과 같다.

```
<link:roleType  roleURI="http://www.m.kbfg.com/role/ConsolidatedStatementsOfFinancialPosition" id="ConsolidatedStatementsOfFinancialPosition">
<link:definition>1002 - Statement - Consolidated Statements Of Financial Position</link:definition>
<link:usedOn>link:presentationLink</link:usedOn>
<link:usedOn>link:definitionLink</link:usedOn>
<link:usedOn>link:calculationLink</link:usedOn>
```

Role Type id="ConsolidatedStatementsOfFinancialPosition"는 표시 링크(Presentation Link), 정의 링크(Definition Link), 계산검증 링크(Calculation Link)에서 사용된다는 것을 선언한 것이다.

6. ContextRef

Context는 인스턴스에서 표현하는 값과 관련된 회계실체(Entity), 기간(Period) 등을 정의하는 영역이다. 기본적으로 Context 구문에는 회계실체(Entity), 기간(Period)이 정의된다.

이때 Context ID를 정의할 때 속성값은 반드시 W3C에서 정의한 ID type 속성규칙에 따라야 한다. 예를 들어, id를 정의할 때 숫자로 시작하면 안 된다.

따라서, (표3)의 No.1의 정보를 인스턴스 구문으로 작성할 때 〈유동자산[26] contextRef="FY2020I" unitRef="KRW" decimals="-6"〉 198215579 〈/유동자산〉 사용한 "FY2020I"의 방식이다. KB금융지주에서는 "PAsOn12_31_2020"로 정의하여 사용하였다.

6-1. 기간(Period)

Context는 기간(Period)도 정의하는데 특정시점이나 기간을 포함한다. (표8) KB금융지주의 Context 정의 사례에서는 특정시점의 기간(Period)을 Context에 포함하여 정의하였는데, 시작시점과 종료시점이 있는 기간(즉, Duration)도 정의할 수 있다. 이러한 Context는 유량 정보를 표현하는 데 사용된다.

26) IFRS 택사노미에서는 name이 영문으로 되어 있으나 이해를 돕기 위하여 한글로 표시하였다.

```
<context id="P01_01_2021To12_31_2021">
  <entity>
    <identifier scheme="http://www.sec.gov/CIK">0001445930</identifier>
  </entity>
  <period>
    <startDate>2021-01-01</startDate>
    <endDate>2021-12-31</endDate>
  </period>
</context>
```

(표8) KB금융지주의 duration 시점 정의 사례

"FY2020I"와 대응하여 만들어볼 수 있는 duration id는 "FY2020D"이다. 이는 회계연도 2020년의 duration의 약어이다.

6-2. 회계실체(Entity)

Context는 회계실체(Entity)도 정의하는데, 표현하는 데이터 값과 관련된 회계실체를 나타낸다. 회계실체(Entity)를 정의할 때는 반드시 identifier를 포함해야 한다. (표8) KB금융지주의 duration 시점 정의 사례에서는 SEC 기업("http://www.sec.gov/CIK")의 기업코드 "0001445930"를 나타낸다.

7. unitRef

모든 숫자 사실(Fact)은 측정 단위를 표시해야 한다. 인스턴스에서 사용하는 측정단위는 unit 영역에 설정되고, 사실(Fact)을 나타내는 각 행에서 unitRef를 통해 관련 측정단위를 표현한다.

KB금융지주에서 사용한 unit은 다음 표와 같다. 내용을 살펴보면, 통화는 iso4217에서 사용하는 통화단위를 사용하며, 이 외에도 주식 수나 주당 순이익을 나타내는 unit이 사용(Unit_shares, Unit_KRW_per_Share, Unit_USD_per_Share)되는 것을 알 수 있다. 이외에도 비율 정보(Pure)[27]나 연도 정보(Year)를 나타내는 unit도 사용하고 있다.

Unit ID	Content
Unit_KRW	iso4217:KRW
Unit_USD	iso4217:USD
Unit_shares	shares
Unit_pure	pure
Unit_Year	utr:Year
Unit_MYR	iso4217:MYR
Unit_KRW_per_Share	iso4217:KRW / shares
Unit_USD_per_Share	iso4217:USD / shares

8. Precision and Decimals

예를 들어 수학에서와 같은 이상적인 세계에서는 값이 정확하다. 그러나 모든 물리학자는 실제로 값이 항상 오차 범위 또는 특정 정밀도로 제공된다고 말할 것이다.

27) Unit_pure를 사용한 사례(부도구간을 표현하는 XML 구문) : 〈kb:ProbabilityOfDefaultcontextRef="PAsOn12_31_2021_Grade3OfInternalCreditGradesMemberifrsfullInternalCreditGradesAxis_TopOfRangeMemberifrsfullRangeAxis" decimals="3" unitRef="Unit_pure"〉0.050〈/kb:ProbabilityOfDefault〉

XBRL은 정밀도에 대한 정보를 사실(Fact) 값에 추가하는 것을 지원한다.

예를 들어, π의 근사값인 다음 값을 살펴보자.

3.142857

처음 몇 자릿수는 정확하지만 어느 시점에서 실제 값인 7에서 벗어나게 된다. 정확한 자릿수와 세로 막대가 없는 자릿수를 구별해 보면 다음과 같다.

3.14 | 2857

XBRL은 정확히 이것을 표현하기 위해 두 가지 다른 체계를 제공한다.

- Precision (3): 처음 3개의 유효 숫자(즉, 앞에 0을 포함하지 않음: 3, 1 및 4)가 정확하다.
- Decimals (2): 소수점 이하 2자리까지 값이 정확하다(1 및 4).

다른 예를 들어보자. 지구에서 태양까지 거리에서 세로 막대 00이 정확하지 않다고 생각한다.

149,597,870,7 | 00

이것은 부정확성이 소수점(.)보다 먼저 발생하기 때문에 Decimals 속성이 음수 값이 된다.

- Precision (10) : 처음 10개의 유효 숫자(1, 4, 9, 5, 9, 7, 8, 7, 0, 7)가 정확하다.

• Decimals (-2) : 소수점 이전 2자리보다 큰 자릿수 값이 정확하다.

두 가지 방법은 동일하다. Precision이 주어지면 Decimals를 유추할 수 있고 Decimals가 주어지면 Precision을 유추할 수 있다는 점에서 동일하다.

예를 들어, (그림6)의 2020년 12월 31일 삼성전자의 재무상태표를 살펴보면, 보고되는 기간의 금액이 백만단위로 소수점 이전 6자리보다 큰 자릿수 값이 정확하다. 따라서 Decimals은 -6이 된다.

인스턴스 문서가 생성될 때 두 속성(Precision 또는 Decimals) 중 정확히 하나가 제공되어야 한다. 다른 속성도 어떤 경우에도 존재하지만 자동으로 유추된다.

9. XBRL 재무제표 구성 방법

XBRL 재무제표를 구성하기 위해서는 XBRL 재무제표 구성요소 6가지(개념(Concept), 제목(Abatract), 하이퍼큐브(Hypercube Item), 액시스(Dimension Item), 도메인&멤버(Domain Member), 라인아이템(Lineitem) 보고요소)를 사용하면 된다.

하나의 개념과 하나의 사실이 연계된 평면적 표현이 아닌 Dimension 구조에서는 하이퍼큐브(Hypercube Item), 액시스(Dimension Item) 및 도메인&멤버(Domain Member), 라인아이템(Lineitem) 보고요소가 사용되는데 해당 내용은 "10. Dimension 구조"에서 자세히 설명한다.

각각의 보고서에 사용되는

- 제목(Abstract) : XBRL 재무제표 구성 요소(Element)를 그룹핑(Grouping)하여 정의하는 데 사용되는 요소(제목(Abstract)에는 사실을 보고할 수 없음)
- 하이퍼큐브(Hypercube Item), 액시스(Dimension Item) 및 도메인&멤버(Domain Member) : 다차원(Dimension)[28]을 구성하는 데 필요한 요소
- 개념(Concept) : 사실을 보고할 수 있는 요소[29]
- 라인아이템(Lineitem) 보고요소 : 다차원(Dimension)을 구성할 때, 개념(Concept)을 그룹핑(Grouping)하는 데 사용되는 요소, 라인아이템(Lineitem)이라는 이름을 명시적으로 상위에 표시한 후 그 아래로 개념(Concept)을 나열

하나의 개념과 하나의 사실이 연계된 평면적 표현의 경우, 제목(Abstract)과 개념(Concept)을 presentation linkbase에서 parent-child관계로 구성하면 된다.[30] Dimension 구조가 아니기 때문에 definition linkbase에서의 구성은 하지 않아도 된다.

---

28) "표(Table)"로 이해하면 된다.

29) 실무적으로는 라인아이템(Lineitem)이라고 불리운다. 이는 보고서 구성요서인 "라인아이템(Lineitem) 보고요소"와는 다르며, 사실을 보고할 수 없는 요소이다.

30) arc role을 사용한 XML 구문은 이해하는 데 쉽지 않으므로 이에 대한 설명은 생략한다. 이는 XBRL 작성기를 사용하여 구성하면 되므로 XBRL 작성기를 통한 사례에서 설명한다.

다음은 KB금융지주의 재무상태표 자산부분을 presentation linkbase에서 parent-child관계로 구성한 내용이다(id 기준).

id	보고서 구성요소
ifrs-full_StatementOfFinancialPositionAbstract	Abstract
└ ifrs-full_AssetsAbstract	Abstract
└ ifrs-full_BankingArrangementsClassifiedAsCashEquivalents	Concept
└ ifrs-full_FinancialAssetsAtFairValueThroughProfitOrLoss	Concept
└ ifrs-full_DerivativeFinancialAssets	Concept
└ kb_LoansAtAmortizedCost	Concept
└ kb_FinancialInvestments	Concept
└ ifrs-full_InvestmentsInSubsidiariesJointVenturesAndAssociates	Concept
└ ifrs-full_PropertyPlantAndEquipment	Concept
└ ifrs-full_InvestmentProperty	Concept
└ ifrs-full_IntangibleAssetsAndGoodwill	Concept
└ ifrs-full_RecognisedAssetsDefinedBenefitPlan	Concept
└ ifrs-full_CurrentTaxAssets	Concept
└ ifrs-full_NetDeferredTaxAssets	Concept
└ ifrs-full_NoncurrentAssetsOrDisposalGroupsClassifiedAsHeldForSale	Concept
└ ifrs-full_NoncurrentAssetsOrDisposalGroupsClassifiedAsHeldForSaleOrAsHeldForDistributionToOwners	Concept
└ ifrs-full_OtherAssets	Concept
└ id ifrs-full_Assets	Concept

(*) parent-child관계는 " └"표시

10. Dimension 구조

10-1. Dimension 구조의 이해

Dimensions는 하나의 개념과 하나의 사실이 연계된 평면적 표현이 아니고, 표 형식의 다차원 큐브에서 분석할 수 있도록 공간 개념을 둔 것이다. 이는 엑셀 프로그램에서의 피벗테이블과 유사하다.

예를 들어 "2020년도 매출액은 100,000백만원이다.[31)]"라는 정보를 XML 구문으로 나타내면, 〈매출액 contextRef="FY2020D" unitRef="KRW" decimals="-6"〉 100000000000 〈/매출액〉으로 표현될 것이다. 이는 "매출액"이라는 구성요소에 100000000000이라는 사실이 단순 연계된 평면적 표현이다.

하지만, 매출액을 부문별로 구분하는 주석을 작성할 때에는 2020년도 매출액은 100,000백만원을 부문별로 구분해 주어야 한다. 그럴 때는 표 형식의 데이터 구조가 되는 것이다. 물론 "2020년도 매출액은 100,000백만원이다."의 정보도 표 형식으로 작성될 수 있으나, 하나의 개념과 하나의 사실이 연계된 평면적 표현일 뿐이다. 돌아와서 2020년도 매출액 100,000백만원을 백색가전과 반도체 부문별로 각각 30,000백만원과 70,000백만원으로 나누어 표로 나타내면 다음과 같다.

(단위: 백만원)

구분	백색가전 부문	반도체 부문	합계
매출액	30,000	70,000	100,000

이 때, 매출액 합계 100,000백만원은 동일하나 추가적으로 "백색가전 부문"과 "반도체 부문"으로 매출액 합계를 구분하여 표시하였다.

31) entity 정보는 contextRef를 통해 사전해 정의했다고 가정한다.

여기서 (표9)와 같은 기본적인 Dimension 구조의 문법이 도출된다.

타입	label
Hypercube item	Table
Dimension item	Axis
Domain item	Member
Member item	Member

(표9) Dimension 구조의 문법

Hypercube item은 다차원 구조를 나타내는 개념으로 표를 형성하게 하는 것이다.[32]

Dimension item은 백색가전과 반도체 부문별로 각각 30,000백만원과 70,000백만원으로 나누어 표로 나타냈을 때의 "구분"이다. "구분"의 이름을 정의함으로써 어떻게 구분되어 질지를 예측할 수 있는 것이다. 백색가전과 반도체 부문별로 구분한 예에서 구분은 "부문별 구분"이 될 수 있겠다.

Member item은 "백색가전"과 "반도체 부문"과 같이 표의 X축을 구성하면서, 매출액과 연결시켜 다차원 정보를 생성한다. 위 표에서는 백색가전과 매출액이 연결되면서, "백색가전 부문의 매출액은 30,000백만원이다."라는 정보가 생성되는 것이다.

Domain item은 하위 멤버를 포괄하는 상위 멤버이다. "백색가전"과 "반도체 부문"은 사업부문이므로, 이를 포괄하는 도메인 멤버는 "사업부문"이 될 것이다.

32) XBRL 강의 시에는 컴퓨터에 "이제 표를 만들거에요"를 알려주는 언어라고 설명하고 있다.

이를 Dimension 구조의 문법과 연결시켜보면 다음과 같다.

타입	label	사례에서의 정보
Hypercube item	Table	
Dimension item	Axis	부문별 구분
Domain item	Member	사업부문
Member item	Member	백색가전, 반도체

실제 IFRS 택사노미에서의 해당 구성요소(Element)의 내용을 보면 다음과 같다.

- Table

name	DisclosureOfProductsAndServicesTable
id	ifrs-full_DisclosureOfProductsAndServicesTable
type	{http://www.xbrl.org/2003/instance}stringItemType
substitutionGroup	{http://xbrl.org/2005/xbrldt}hypercubeItem
periodType	duration
balance	
abstract	TRUE
nillable	TRUE

- Axis

name	ProductsAndServicesAxis
id	ifrs-full_ProductsAndServicesAxis
type	{http://www.xbrl.org/2003/instance}stringItemType
substitutionGroup	{http://xbrl.org/2005/xbrldt}dimensionItem
periodType	duration
balance	
abstract	TRUE
nillable	TRUE

- Domain

name	ProductsAndServicesMember
id	ifrs-full_ProductsAndServicesMember
type	{http://www.xbrl.org/dtr/type/non-numeric}domainItemType
substitutionGroup	{http://www.xbrl.org/2003/instance}item
periodType	duration
balance	
abstract	TRUE
nillable	TRUE

멤버는 표준에서 없기 때문에 확장(Extension, Cunstomizing)해야 하므로 사례 제시를 생략한다. 멤버는 회사의 특성상 매우 다양하기 때문에 표준에서 모두 정의해 줄 수 없으므로 확장이 일반적이다.

위의 해당 구성요소(Element)의 내용을 살펴보면, Table, Axis, Domain의 name과 id에 각각 Table, Axis, Member가 붙는 것을 알 수 있다. 이렇듯 해당 구성요소(Element)에 Dimension 구조에 사용되는 구성요소(Element)임을 알려주는 접미사를 붙이는 것이다. 이는 확장(Extension, Cunstomizing)할 경우에도 동일한 규칙을 따른다.

또한, 하이퍼큐브(Hypercube Item), 액시스(Dimension Item) 및 도메인&멤버(Domain Member)의 periodType은 duration이다.

한편, 매출액은 사실에 대한 의미를 부여하는 개념인데, 이러한 개념을 그룹핑하는 구성요소(Element)는 "라인아이템(Lineitem) 보고요소"이다. 따라서, Dimension 구조를 설계할 때, Y축에서 맨처음으로 구성하는 구성요소(Element)가 "라인아이템(Lineitem) 보고요소"이다. 위의 매출액 사례에서는 "부문별 정보"가 될 것이다.

실제 IFRS 택사노미에서의 해당 구성요소(Element)의 내용을 보면 다음과 같다.

- 라인아이템(Lineitem) 보고요소

name	DisclosureOfProductsAndServicesLineItems
id	ifrs-full_DisclosureOfProductsAndServicesLineItems
type	{http://www.xbrl.org/2003/instance}stringItemType
substitutionGroup	{http://www.xbrl.org/2003/instance}item
periodType	duration
balance	
abstract	TRUE
nillable	TRUE

위의 "라인아이템(Lineitem) 보고요소"의 내용을 살펴보면, name과 id에 LineItems가 붙는 것을 알 수 있다. 또한, abstract="true"이므로 사실(Fact)을 가질 수 없다. 즉 Dimension 구조에서 Y축의 제목 역할을 담당하는 것이다.

이를 presentation linkbase에서 parent-child 관계로 구성해 보면 다음과 같다(id 기준).

id	보고서 구성요소
ifrs-full_DisclosureOfProductsAndServicesAbstract	Abstract
└ DisclosureOfProductsAndServicesTable	Hypercube item
└ ifrs-full_ProductsAndServicesAxis	Dimension item
└ ProductsAndServicesMember	Domain item
└ "백색가전 부문"Member[33]	Member item
└ "반도체 부문"Member[34]	Member item
└ ifrs-full_DisclosureOfProductsAndServicesLineItems[35]	Lineitem
└ ifrs-full_Revenue	Concept

(*) parent-child관계는 " └"표시

한편, Table 구조에서 여러 개의 Axis를 추가할 수 있는데, 동일한 Concept에 여러 개의 Table을 만들지 않아도 되어 효율적으로 인스턴스를 구성할 수 있기 때문이다. 예를 들어 "위험회피의 종류(공정가치 위험회피, 현금흐름 위험회피)"와 "해당 위험 종류(이자율 변동위험, 환율 변동위험)"에 따라 "공정가치 변동"이라는 개념(Concept)의 값을 보고할 경우 각각 Table을 구성할 수 있지만, 두 개의 Table을 하나의 Table로 통합할 수도 있다. 이 경우 4개(공정가치 위험회피, 현금흐름 위험회피(이상 2개) X (이자율 변동위험, 환율 변동위험))의 열이 생기는 표가 생성된다.

생성되는 표를 예시하면 다음과 같다.

33) 확장한 멤버

34) 확장한 멤버

35) Hypercube item과 동일한 레벨로 parent-child관계를 구성하였으나, parent를 Hypercube item인 "DisclosureOfProductsAndServicesTable"로 하는것도 가능하다.

	공정가치 위험회피		현금흐름 위험회피	
	이자율 변동위험	환율 변동위험	이자율 변동위험	환율 변동위험
공정가치 변동	①			

즉 "이자율 변동위험"에 대응한 "공정가치 위험회피"의 결과 "공정가치 변동"의 사실(Fact)은 생성된 표 ①에 입력하게 된다.

이를 presentation linkbase에서 parent-child 관계로 구성해 보면 다음과 같다(id 기준).

id	보고서 구성요소
ifrs-full_DisclosureOfDetailedInformationAboutHedgedItemsAbstract	Abstract
└ ifrs-full_DisclosureOfDetailedInformationAboutHedgedItemsTable	Hypercube item
└ ifrs-full_TypesOfHedgesAxis	Dimension item
└ ifrs-full_TypesOfRisksMember	Domain item
└ ifrs-full_InterestRateRiskMember	Member item
└ ifrs-full_CurrencyRiskMember	Member item
└ ifrs-full_TypesOfRisksAxis	Dimension item
└ ifrs-full_TypesOfHedgesMember	Domain item
└ ifrs-full_FairValueHedgesMember	Member item
└ ifrs-full_CashFlowHedgesMember	Member item
└ ifrs-full_DisclosureOfDetailedInformationAboutHedgedItemsLineItems[36]	Lineitem
└ ifrs-full_HedgedItemAssets	Concept
└ ifrs-full_HedgedItemLiabilities	Concept

36) Hypercube item과 동일한 레벨로 parent-child관계를 구성하였으나, parent를 Hypercube item인 "ifrs-full_DisclosureOfDetailedInformationAboutHedgedItemsTable"로 하는것도 가능하다.

10-2. Dimension 구조의 구성요소 간의 관계

다차원(Dimension)을 구성하는 데 필요한 요소인 하이퍼큐브(Hypercube Item), 액시스(Dimension Item) 및 도메인&멤버(Domain Member)는 각각의 관계를 구성해 주어야 한다. 이는 정의 링크(Definition Link)에서 해당 관계를 표현해 주어야 하며, 해당 관계가 정의되어야 표 형식으로 디스플레이 될 수 있다. 각각의 관계는 arc role로 연계되는데 각각의 관계설정은 다음과 같다.

Hypercube item과 상위 primary item[37]의 관계는 "all[38]"로 지정한다.

Hypercube item과 Dimension item의 관계는 hypercube-dimension[39]으로 지정한다.

Dimension item과 Domain item의 관계는 dimension-domain[40]으로 지정한다.

Domain item과 Member item의 관계는 domain-member[41]으로 지정한다.

Lineitem과 Concept의 관계는 domain-member[42]로 지정한다.

이때 정의(Definition Link)를 구성할 때, Lineitem을 parent로 하

---

37) 사례에서는 Abstract이 primary item이다.

38) http://xbrl.org/int/dim/arcrole/all

39) http://xbrl.org/int/dim/arcrole/hypercube-dimension

40) http://xbrl.org/int/dim/arcrole/dimension-domain

41) http://xbrl.org/int/dim/arcrole/domain-member

42) http://xbrl.org/int/dim/arcrole/domain-member

고, Concept을 child 관계로 설정하고, Lineitem을 parent로 하고, Hypercube item을 child 관계로 설정해도 된다.[43)]

물론 Hypercube item과 Lineitem이 동일 레벨도 가능하다(두 엘리먼트 모두 Abstract를 parent로 할 수 있음).

한편, 표준택사노미에 "total" 도메인 멤버로서 'domainItemType'이나 파생 속성을 갖는 xsd:element를 선언해서는 안 된다. Domain으로 끝나는 name속성을 갖는 엘리먼트는 Axis의 기본 멤버로서 이미 total 역할을 한다.

위 표는 이해를 돕기 위해서 4열로 표시하였으나 XBRL 재무제표에는 실제로 값을 입력할 수 있는 열은 다음과 같이 6개가 생기는 것이다.

	공정가치 위험회피			현금흐름 위험회피		
	이자율 변동위험	환율 변동위험	합계	이자율 변동위험	환율 변동위험	합계
공정가치 변동						

43) 표시 링크베이스와는 반대된다.

xBRL™

THE BUSINESS REPORTING STANDARD

제4장 XBRL 작성기를 활용한 XBRL 재무제표 작성 사례

제4장에서는 XBRL 작성기인 Xwand를 활용하여 XBRL 재무제표를 작성하는 사례를 제시하여, 실제 각 회사에 맞는 XBRL 재무제표를 작성하는 데 도움을 주고자 한다.

XBRL 재무제표를 작성하기 위해서는 XBRL International이 정한 각종 Spec을 알고 있으면 도움이 되겠지만, 그 내용을 전부 이해하기에는 XML에 대한 지식이 수반되어야 해서 매우 어렵다. 따라서 이러한 Spec이 탑재되어 있는 XBRL 작성기를 활용하면, 쉽게 XBRL 재무제표를 작성할 수 있으며, 이때 가장 어렵고 중요한 부분은 회사 재무제표의 계정과목과 주석 공시내용의 각 항목들을 IFRS 택사노미의 표준과 매칭시키는 부분이다.

1. XBRL 재무제표 작성 프로젝트 과정 소개

현재까지 SEC-XBRL Reporting 프로젝트 과정은 'mapping'-'building'-'tagging' 순으로 수행하고 있다.

각각의 과정의 의미를 살펴보면 다음과 같다.

① mapping : 표준 택사노미를 이용하여 회사 고유의 택사노미 형

태를 만드는 Activity

회사별로 작성되는 재무제표 양식은 다양하기 때문에 회사가 작성하고 있는 계정과목 체계와 주석 내용을 분석하여, 이에 대응하는 표준 택사노미의 보고서 구성요소들과 매칭시키는 작업이다. 강의 시에는 이를 지도(Map)를 작성하는 과정이라고 설명하기도 하고 설계도를 만드는 과정이라고 설명하기도 한다.

mapping 작업은 보통 엑셀 프로그램을 통해 Role Tyle별로 prefix와 name, label, order, parent-child 관계를 정의한다.

prefix	name	label
ifrs-full	StatementOfFinancialPositionAbstract	CONSOLIDATED STATEMENT OF FINANCIAL POSITION [Abstract]
ifrs-full	AssetsAbstract	ASSETS [Abstract]
ifrs-full	CashAndCashEquivalents	Cash and cash equivalents
ifrs-full	FinancialAssetsAtFairValueThroughProfitOrLoss	Financial assets at fair value through profit or loss ("FVTPL")
ifrs-full	FinancialAssetsAtFairValueThroughOtherComprehensiveIncome	Financial assets at fair value through other comprehensive income ("FVTOCI")
wf	SecuritiesOfFinancialAssetsAtAmortisedCost	Securities at amortized cost
wf	LoansAndOtherFinancialAssetsAtAmortisedCost	Loans and other financial assets at amortized cost
ifrs-full	InvestmentAccountedForUsingEquityMethod	Investments in joint ventures and associates
ifrs-full	InvestmentProperty	Investment properties
ifrs-full	PropertyPlantAndEquipment	Premises and equipments
ifrs-full	IntangibleAssetsAndGoodwill	Intangible assets
ifrs-full	NoncurrentAssetsOrDisposalGroupsClassifiedAsHeldForSale	Assets held for sale
ifrs-full	RecognisedAssetsDefinedBenefitPlan	Net defined benefit asset
ifrs-full	CurrentTaxAssets	Current tax assets
ifrs-full	DeferredTaxAssets	Deferred tax assets

prefix	name	label
ifrs-full	DerivativeFinancialAssetsHeldForHedging	Derivative assets (Designated for hedging)
ifrs-full	OtherAssets	Other assets
ifrs-full	Assets	Total assets

(표10) 우리금융지주 mapping 예시 일부 발췌(재무상태표-자산 부분)

사례에서는 IFRS 택사노미에서 사용하는 엘리먼트의 경우 ifrs-full의 접두사가 붙고, 확장하는 경우에는 wf 접두사를 사용하였다. parent-child 관계는 들여쓰기를 통해 "StatementOfFinancialPositionAbstract"가 parent, "AssetsAbstract"가 child 관계임을 나타내고, "AssetsAbstract"가 parent, "CashAndCashEquivalents"부터 "Assets"까지 엘리먼트들이 child 관계임을 나타낸다.

② building : 회사 고유의 택사노미 형태를 프로그램을 이용하여 XBRL 형태로 만드는 Activity(Presentation, Definition, Lable, Calc 링크베이스 작성)

택사노미 작성기를 활용하여 엑셀로 매핑된 엘리먼트들을 실제로 택사노미 문서로 구현하는 활동이다. 이때 Presentation, Definition, Lable, Calc 링크베이스를 작성하게 된다.

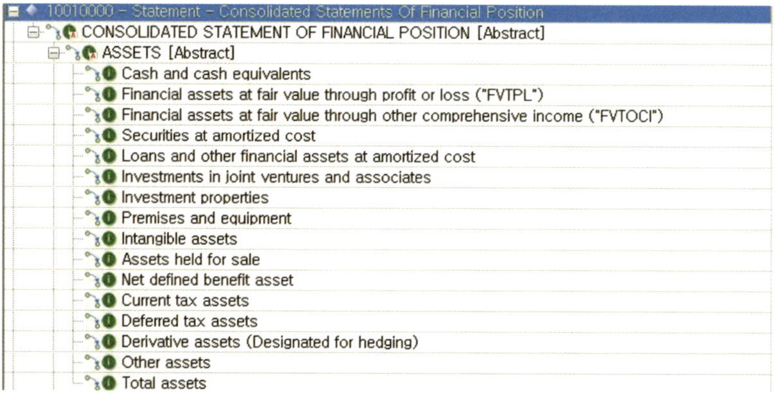

(그림8) 우리금융지주 building 예시 일부 발췌(재무상태표-자산 부분, presentation link)

자세한 building 사례는 다음에서 XBRL 작성기를 활용하여 설명한다.

③ Tagging : XBRL 형태로 만든 회사의 택사노미에 인스턴스 문서를 작성하는 Activity
택사노미 작성기를 활용하여 빌딩된 택사노미를 불러와서 입력하고자 하는 값을 태깅하게 되며, 이때 Context 등 입력에 필요한 사항을 작성한다.

Element Label	FY2020I Value
CONSOLIDATED STATEMENT OF FINANCIAL POSITION [Abstract]	(Abstract)
ASSETS [Abstract]	(Abstract)
Cash and cash equivalents	9,990,983,000,000
Financial assets at fair value through profit or loss ("FVTPL")	14,762,941,000,000
Financial assets at fair value through other comprehensive income ("FV...	30,028,929,000,000
Securities at amortized cost	17,020,839,000,000
Loans and other financial assets at amortized cost	320,106,078,000,000
Investments in joint ventures and associates	993,291,000,000
Investment properties	387,464,000,000
Premises and equipment	3,287,198,000,000
Intangible assets	792,077,000,000
Assets held for sale	60,002,000,000
Net defined benefit asset	5,658,000,000
Current tax assets	75,655,000,000
Deferred tax assets	46,088,000,000
Derivative assets (Designated for hedging)	174,820,000,000
Other assets	1,348,994,000,000
Total assets	399,081,017,000,000

(그림9) 우리금융지주 tagging 예시 일부 발췌(재무상태표-자산 부분)

자세한 tagging 사례는 다음에서 XBRL 작성기를 활용하여 설명한다.

2. IFRS 택사노미

IFRS 택사노미는 IFRS Foundation에서 공표한 자료[44]를 활용하면 되며,[45] pdf나 excel자료로도 제공되고 있으므로 적절한 표준을 찾는데 도움이 될 것이다.

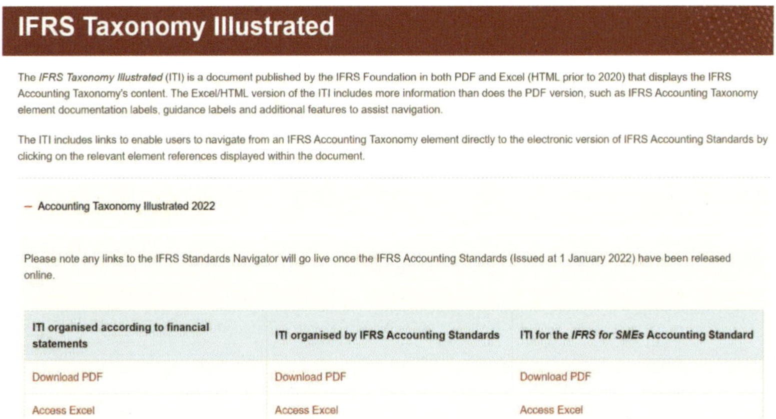

IFRS Taxonomy Illustrated

The *IFRS Taxonomy Illustrated* (ITI) is a document published by the IFRS Foundation in both PDF and Excel (HTML prior to 2020) that displays the IFRS Accounting Taxonomy's content. The Excel/HTML version of the ITI includes more information than does the PDF version, such as IFRS Accounting Taxonomy element documentation labels, guidance labels and additional features to assist navigation.

The ITI includes links to enable users to navigate from an IFRS Accounting Taxonomy element directly to the electronic version of IFRS Accounting Standards by clicking on the relevant element references displayed within the document.

– Accounting Taxonomy Illustrated 2022

Please note any links to the IFRS Standards Navigator will go live once the IFRS Accounting Standards (Issued at 1 January 2022) have been released online.

ITI organised according to financial statements	ITI organised by IFRS Accounting Standards	ITI for the *IFRS for SMEs* Accounting Standard
Download PDF	Download PDF	Download PDF
Access Excel	Access Excel	Access Excel

이때, 다음 그림의 맨 우측의 reference를 확인하여 해당 기준서의 개념이 어떤 것인지 충분히 이해한 후 회사의 계정과목과 연계하는 것이 유용할 것이다.

44) https://www.ifrs.org/issued-standards/ifrs-taxonomy/#annual-taxonomies
45) 2022년 3월 24일에 공표된 택사노미를 보면, 총 5,249개 엘리먼트로 구성되어 있다.

[110000] General information about financial statements		
Disclosure of general information about financial statements [text block]	Text block	IAS 1.51 Disclosure
Name of reporting entity or other means of identification	Text	IAS 1.51 a Disclosure
Explanation of change in name of reporting entity or other means of identification from end of preceding reporting period	Text	IAS 1.51 a Disclosure
Description of nature of financial statements	Text	IAS 1.51 b Disclosure, IAS 27.16 a Disclosure, IAS 27.17 a Disclosure
Date of end of reporting period	Date	IAS 1.51 c Disclosure
Period covered by financial statements	Text	IAS 1.51 c Disclosure
Description of presentation currency	Text	IAS 1.51 d Disclosure, IAS 21.53 Disclosure
Level of rounding used in financial statements	Text	IAS 1.51 e Disclosure

3. 재무제표 본문 작성해 보기

3-1. 재무상태표 작성해 보기

실제 XBRL 작성기인 Xwand에서 XBRL 재무제표를 만들기 전에 IFRS 택사노미 등 관련 스키마가 import되어야 한다. 이 부분은 향후 금융감독원이 XBRL 작성기를 공표했을 때 이미 관련 스키마가 모두 탑재되어 있을 것으로 예상되므로 해당 과정은 생략하고 진행한다.[46]

다음은 우리금융지주의 2021년 12월 말 연결재무상태표이다. 제2장에서 설명한 바와 같이 왼쪽 과목의 부분은 택사노미 문서를 구성하는 개념들이고, 그 외에는 인스턴스 문서를 구성하는 사실과 측면 정보이다.

46) Xwand에서는 "import"기능을 통해 필요한 스키마를 탑재시킨다.

연 결 재 무 상 태 표

제3(당)기말 2021년 12월 31일 현재

제2(전)기말 2020년 12월 31일 현재

주식회사 우리금융지주와 그 종속기업 (단위:백만원)

과 목	제3(당)기말		제2(전)기말	
I. 자 산				
1. 현금및현금성자산(주석6)	7,565,818		9,990,983	
2. 당기손익-공정가치측정금융자산(주석4,7,11,12,18,26)	13,497,234		14,762,941	
3. 기타포괄손익-공정가치측정금융자산(주석4,8,11,12,18)	39,119,789		30,028,929	
4. 상각후원가측정유가증권(주석4,9,11,12,18)	17,086,274		17,020,839	
5. 상각후원가측정대출채권및기타금융자산(주석4,10,11,12,18,41)	361,932,872		320,106,078	
6. 공동기업및관계기업투자자산(주석13)	1,335,167		993,291	
7. 투자부동산(주석14,18)	389,495		387,464	
8. 유형자산(주석15,18)	3,174,720		3,287,198	
9. 무형자산(주석16)	785,386		792,077	
10. 매각예정자산(주석17)	26,327		60,002	
11. 순확정급여자산(주석24)	21,346		5,658	
12. 당기법인세자산(주석38)	22,598		75,655	
13. 이연법인세자산(주석38)	31,131		46,088	
14. 파생상품자산(위험회피목적)(주석4,11,12,26)	106,764		174,820	
15. 기타자산(주석19,41)	2,088,950		1,348,994	
자 산 총 계		447,183,871		399,081,017

① Role Type 정의하기

먼저, 택사노미 문서를 구성하기 위해서는 role Type을 정의하여야 한다.

Role Type List 탭에서 하단의 Add 버튼을 누르면, 다음과 같이 "New Role Type" 대화창이 뜬다.

다음으로는 해당 role Type의 id와 roleURI 및 definition 속성을 정의하고, 사용되는 링크베이스에 체크한다.

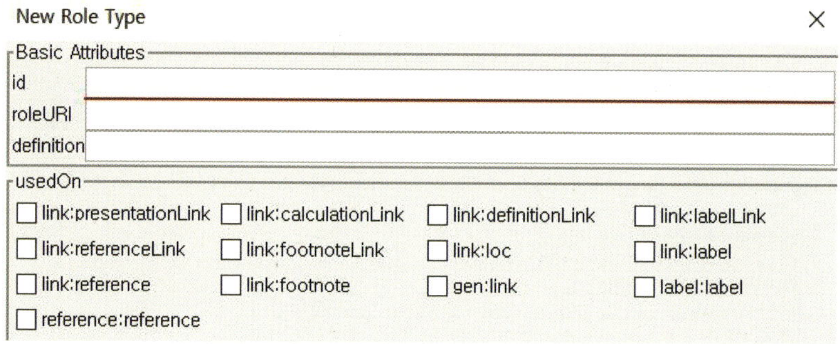

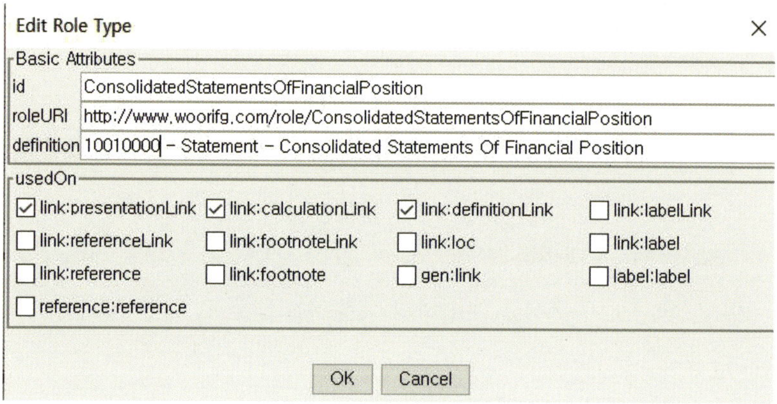

우리금융지주는 2021년 XBRL 재무제표 세트 중 스키마(.xsd 파일)에서 네임스페이스를 "schema xmlns:wf="http://www.woorifg.com/20211231""로 정의했기 때문에, roleURI를 정의할 때, http://www.woorifg.com/를 사용하고 뒤에 role/ 과 id를 정의하였다. 그 결과, id는 "ConsolidatedStatementsOfFinancialPosition", roleURI는 "http://www.woorifg.com/role/ConsolidatedStatementsOfFinancialPosition", 해당 role Type의 definition은 번호- Statement - id 내용을 띄어쓰기로 기재하여, "10010000 - Statement - Consolidated Statements Of Financial Position"로 정의하였다.

그리고 해당 roleType은 표시 링크(Presentation Link), 정의 링크(Definition Link), 계산검증 링크(Calculation Link)에서 사용된다.

② 자산 계정과목에 해당하는 엘리먼트를 찾아 presentation link에 parent-chid 관계 설정하기

Presentation Link 탭에서 중앙 화면에 Presentation Link를 두 번 클릭하여 활성화시킨 후 오른쪽 마우스를 클릭하면 다음과 같은 창이 뜬다.

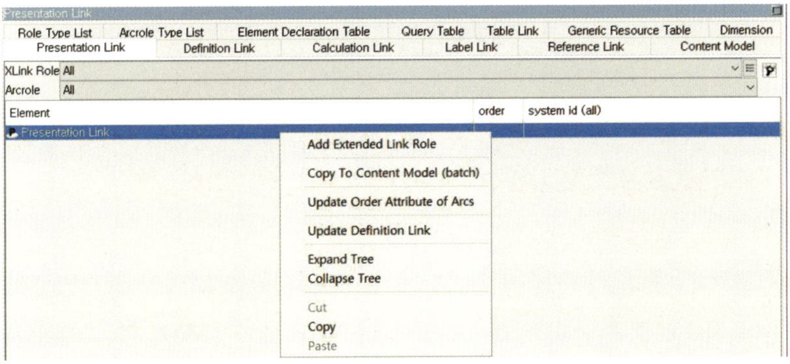

여기서 "Add Extended Link Role"을 선택한다. 그리고 다음과 같이 활성화된 창에서 동그라미 표시의 버튼을 누르면 만들어진 Role Type을 확인할 수 있고 "10010000 - Statement - Consolidated Statements Of Financial Position"를 선택하면 된다.

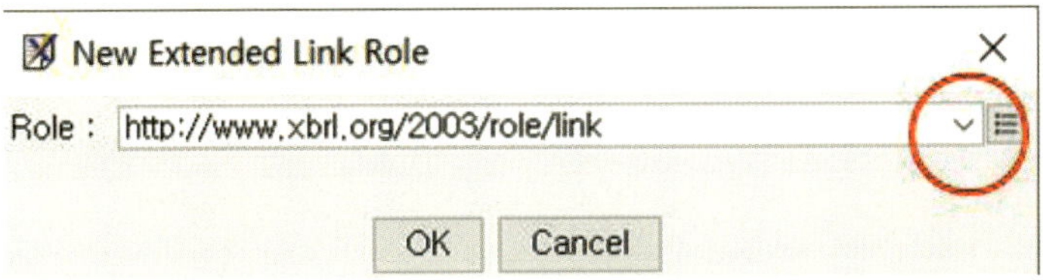

이후에는 재무상태표의 계정과목 순서대로 엘리먼트를 서치하여 선택한다. Xwand에서는 "Element Declaration List"에서 찾으면 된다.

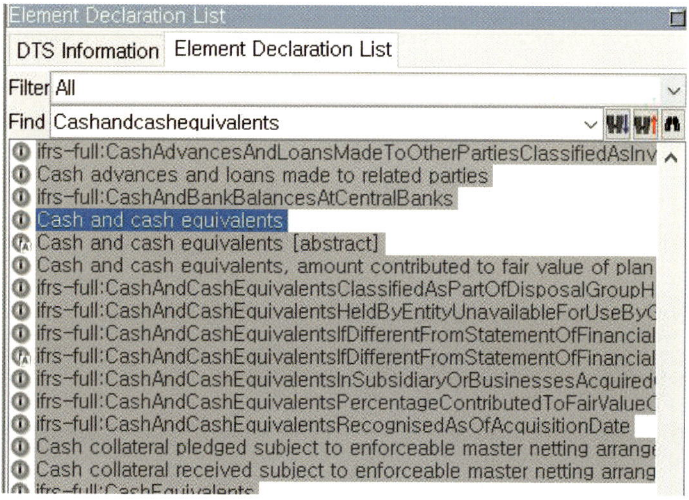

"재무상태표"와 "자산"이라는 제목부터 "자산총계"까지 엘리먼트를 찾아 정리하면 다음과 같다. "상각후원가측정유가증권"과 "상각후원가측정대출채권및기타금융자산"은 표준 엘리먼트가 없어서 확장하였다. 확장한 엘리먼트에는 "wf"의 접두어를 붙인다.

prefix	name
ifrs-full	StatementOfFinancialPositionAbstract[47]
ifrs-full	AssetsAbstract
ifrs-full	CashAndCashEquivalents
ifrs-full	FinancialAssetsAtFairValueThroughProfitOrLoss
ifrs-full	FinancialAssetsAtFairValueThroughOtherComprehensiveIncome

47) 한글화된 택사노미가 없어 영어버전을 사용하였다.

prefix	name
wf	SecuritiesOfFinancialAssetsAtAmortisedCost
wf	LoansAndOtherFinancialAssetsAtAmortisedCost
ifrs-full	InvestmentAccountedForUsingEquityMethod
ifrs-full	InvestmentProperty
ifrs-full	PropertyPlantAndEquipment
ifrs-full	IntangibleAssetsAndGoodwill
ifrs-full	NoncurrentAssetsOrDisposalGroupsClassifiedAsHeldForSale
ifrs-full	RecognisedAssetsDefinedBenefitPlan
ifrs-full	CurrentTaxAssets
ifrs-full	DeferredTaxAssets
ifrs-full	DerivativeFinancialAssetsHeldForHedging
ifrs-full	OtherAssets
ifrs-full	Assets

정리된 내용을 다음과 같이 presentation linkbase에서 parent-child 관계를 설정해 나가면 된다.

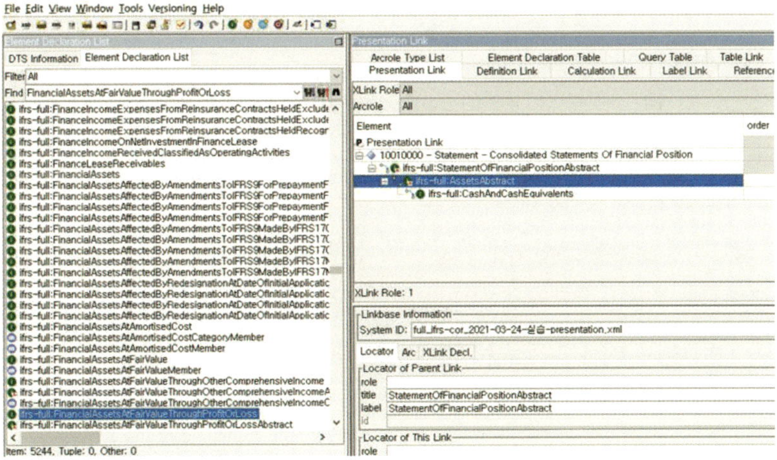

"상각후원가측정유가증권"과 "상각후원가측정대출채권및기타금융자산"은 확장해야 하는데 상단의 탭에서 Add item 아이콘을 클릭하면 다음과 같이 새로운 아이템을 정의할 수 있다.

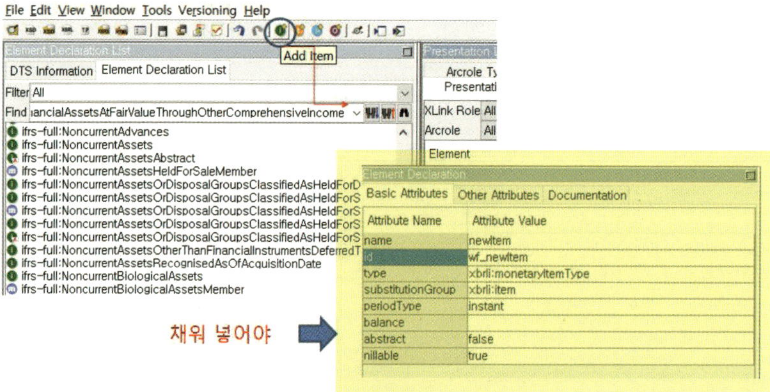

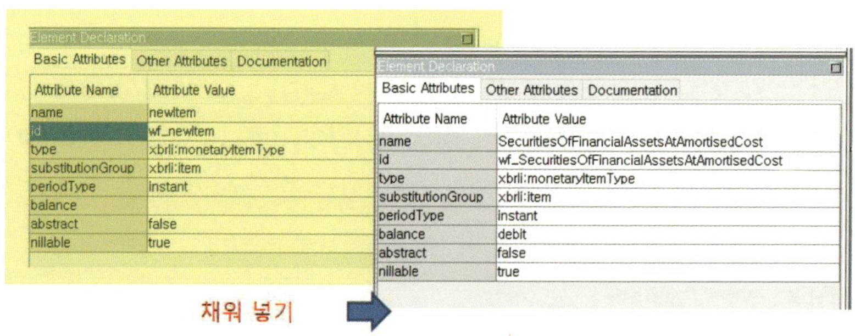

"상각후원가측정유가증권"의 경우 화폐로 값이 입력되므로 monetaryitem type을 선택하고, 재무상태표 계정과목이므로 시점 정보인 "instant"를 periodType으로 선택하며, balance는 자산계정과목이므로 "debit"을 선택한다. 또한 값을 입력할 수 있으므로 abstract는 false를 선택하고 nillable을 공백허용을 하는 것이 권장되므로 true를 선택한다.

나머지 자산계정과목도 presentation link에 구현하면 다음과 같은 결과가 된다.

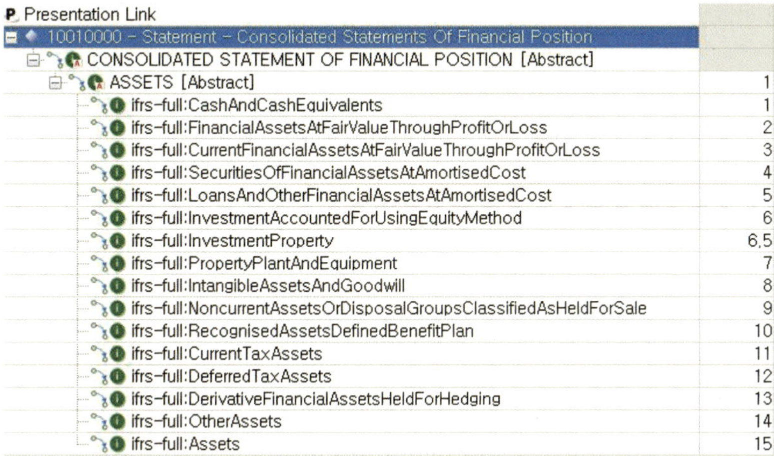

parent-child 관계는 해당 엘리먼트를 복사하여 붙일 때 상위 엘리먼트를 두 번 클릭하고 붙이면(Ctrl+V) 된다. 자산 계정과목은 모두 AssetsAbstract의 Child이므로 해당 Abstract을 두 번 클릭하고 붙이면(Ctrl+V) 된다.

확인하다 보니 “InvestmentProperty”가 누락되었음이 확인되었고, 이를 수정하기 위해서 추가하였다. 이때 마지막에 추가하였기 때문에 순서가 제일 마지막이 되는데, 이는 order에서 숫자를 조정하여 위치하고 싶은 곳으로 옮길 수 있다. “공동기업및관계기업투자자산”과 “유형자산” 사이에 위치하여야 하므로 order 6(InvestmentAccountedForUsingEquity Method)과 order 7(PropertyPlantAndEquipment) 사이에 위치하도록 order를 6과 7사이의 숫자로 부여한다(소수점 가능). 예제에서는 6.5를 부여하였다.

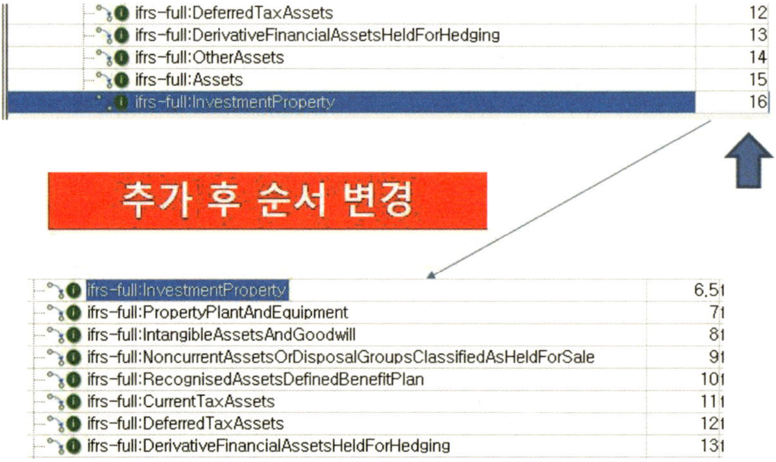

③ 이후에는 각 엘리먼트에 label을 부여한다.

엘리먼트에 label을 부여할 때에는 Presentation link 탭에서 해당 엘리먼트를 두 번 클릭하여 해당 엘리먼트를 선택한 다음에 Label Link 탭으로 가서 Label Link를 두 번 클릭하고 오른쪽 마우스를 클릭하면 다음과 같은 창이 뜬다.

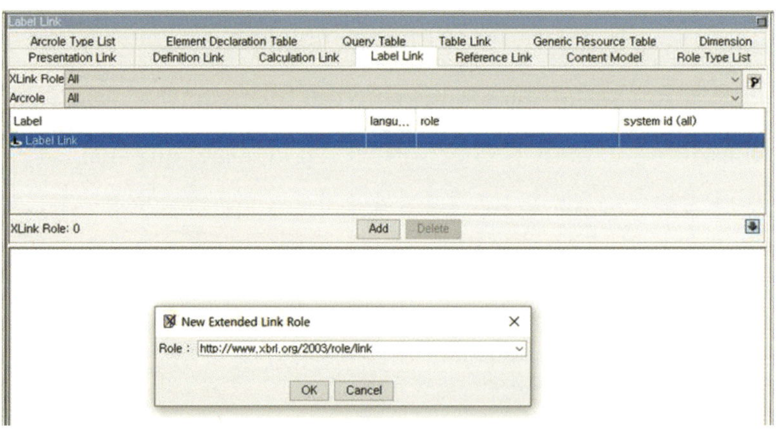

하단의 Add 버튼을 눌러서 Language 등을 선택하고 클릭하면 된다.[48]

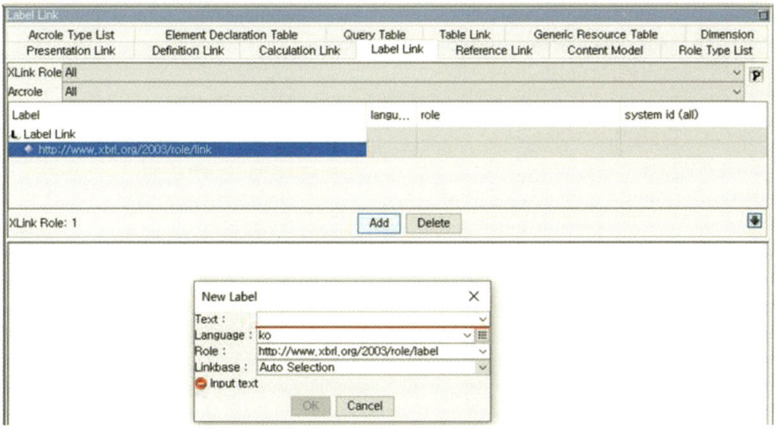

이때, label은 사전에 정의된 다음 내용을 사용하는 것으로 한다.[49]

prefix	name	label
ifrs-full	StatementOfFinancialPositionAbstract	CONSOLIDATED STATEMENT OF FINANCIAL POSITION [Abstract]
ifrs-full	AssetsAbstract	ASSETS [Abstract]
ifrs-full	CashAndCashEquivalents	Cash and cash equivalents
ifrs-full	FinancialAssetsAtFairValueThroughProfitOrLoss	Financial assets at fair value through profit or loss ("FVTPL")
ifrs-full	FinancialAssetsAtFairValueThroughOtherComprehensiveIncome	Financial assets at fair value through other comprehensive income ("FVTOCI")
wf	SecuritiesOfFinancialAssetsAtAmortisedCost	Securities at amortized cost
wf	LoansAndOtherFinancialAssetsAtAmortisedCost	Loans and other financial assets at amortized cost
ifrs-full	InvestmentAccountedForUsingEquityMethod	Investments in joint ventures and associates

48) 본 사례는 SEC에 보고되는 XBRL 재무제표이므로 Language는 "en-US"를 선택한다. Text는 사용하고 싶은 Label을 작성하면 된다. 표준 Label은 보통 name을 띄어쓰기로 작성한다.

49) 편의상 우리금융지주의 영문보고서의 내용을 활용한 것이다.

prefix	name	label
ifrs-full	InvestmentProperty	Investment properties
ifrs-full	PropertyPlantAndEquipment	Premises and equipments
ifrs-full	IntangibleAssetsAndGoodwill	Intangible assets
ifrs-full	NoncurrentAssetsOrDisposalGroupsClassifiedAsHeldForSale	Assets held for sale
ifrs-full	RecognisedAssetsDefinedBenefitPlan	Net defined benefit asset
ifrs-full	CurrentTaxAssets	Current tax assets
ifrs-full	DeferredTaxAssets	Deferred tax assets
ifrs-full	DerivativeFinancialAssetsHeldForHedging	Derivative assets (Designated for hedging)
ifrs-full	OtherAssets	Other assets
ifrs-full	Assets	Total assets

처음에 설정되는 것은 "label"로 표준이다.

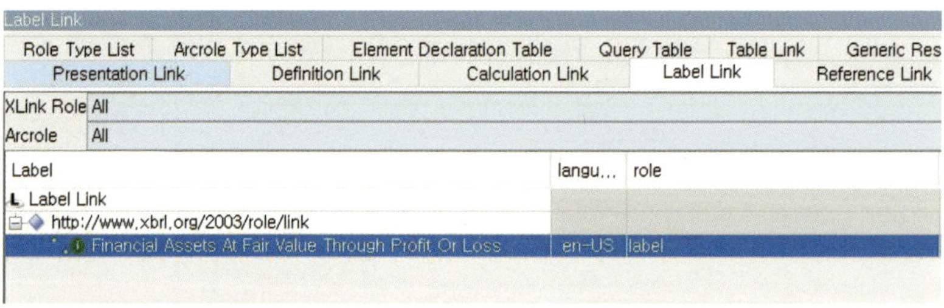

이후에 편의에 따라서 추가할 수 있고, 사례에서는 추가로 terse label[50]을 만들어 추가할 수 있다. 사례에서는 "Financial assets at fair value through profit or loss ("FVTPL")"로 label을 설정하기로 하였으므로 이를 위와 동일한 방식으로 추가한 후, preferred label에서 terse label을 선택하면, 해당 label로 바뀐다.

50) verboseol label로 추가하여도 무방하다.

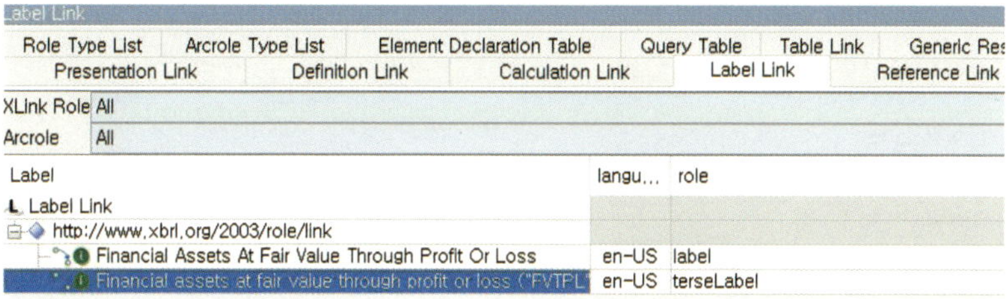

최종 label변경 결과는 다음과 같다.

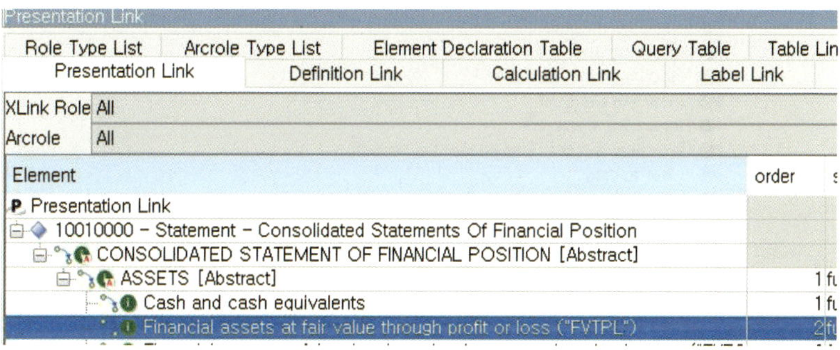

이 단계까지 완성이 되면 인스턴스를 생성하여 실제 값을 입력할 수 있는 상태가 된 것이다(택사노미 문서 완성).

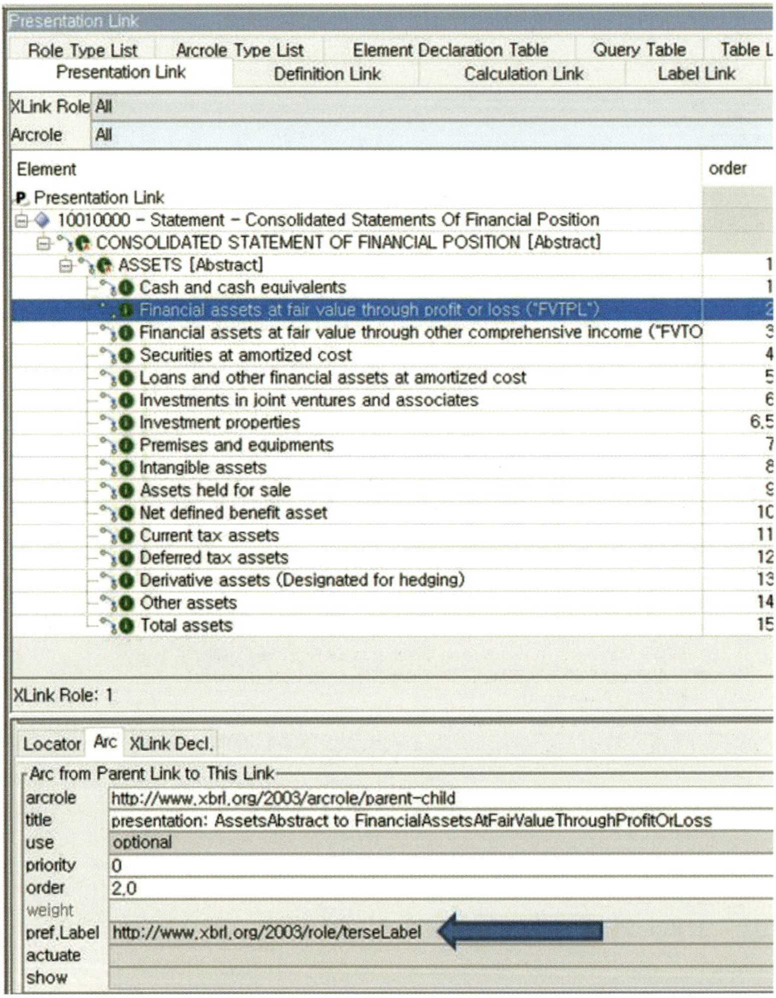

④ 인스턴스를 작성한다.

이제 완성된 택사노미 문서를 불러와서 인스턴스를 작성하면 된다. Xwand에서 New Instance를 실행하면 다음과 같은 화면이 나타난다(위에서 저장한 택사노미 경로를 선택하면, 택사노미가 로딩된다).

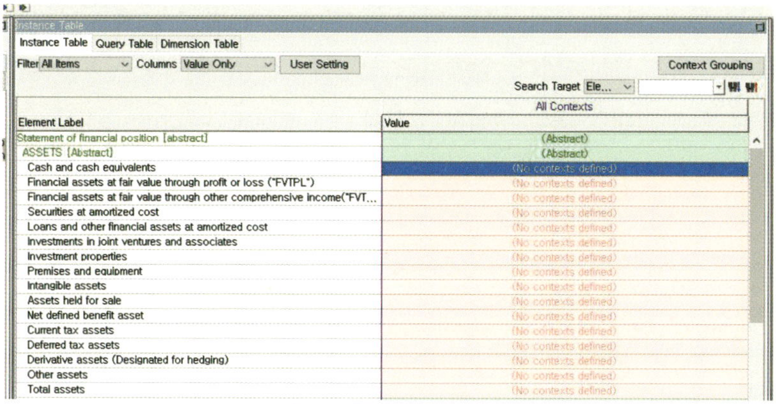

표 형식을 띄며 입력할 수 있는 공간이 생기는데 현재는 (No context defined)라고 표시된다. 값을 입력하기 위해서는 값의 각 측면 중 period가 필요하기 때문이다.

따라서 context를 생성하기 위해서 Add Conext를 실행한다.

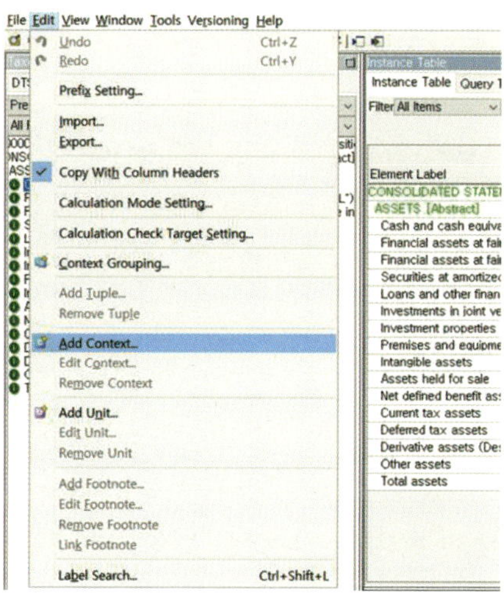

id 생성 시 2021년 12월 31일의 context를 만들기 위해서 id는 FY2021I로 생성하였다. 앞에서도 설명하였지만, 숫자로 시작하지만 않으면, 편의대로 id는 생성하면 된다. identifier와 scheme정보[51]도 추가하여 스키마에 포함될 context 정보를 완성한다.

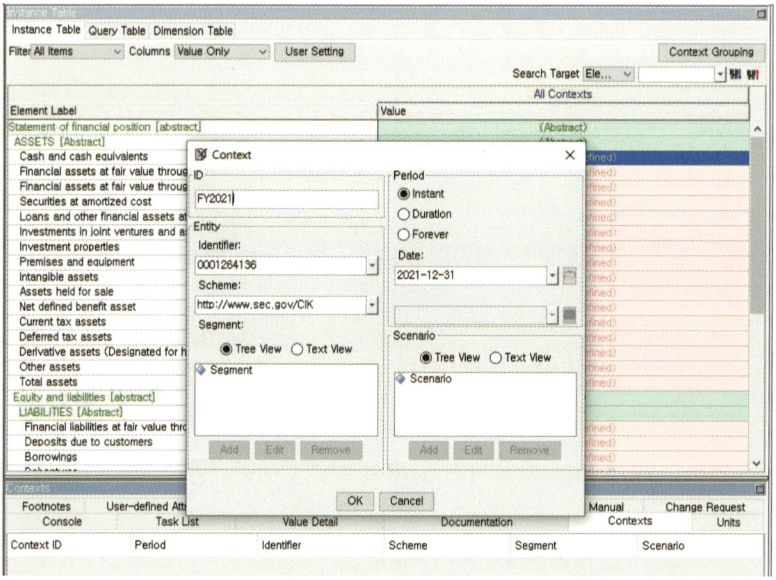

완성이 되면, 다음과 같이 (No unit defined)로 바뀐다.

51) 기업식별번호(Identifier)가 어떤 체계(Scheme)에 따른 것인지를 나타내는 정보이며, 우리나라에서 적용될 경우 향후 금융감독원에서 공표하는 URI를 기재하면 될 것이다.

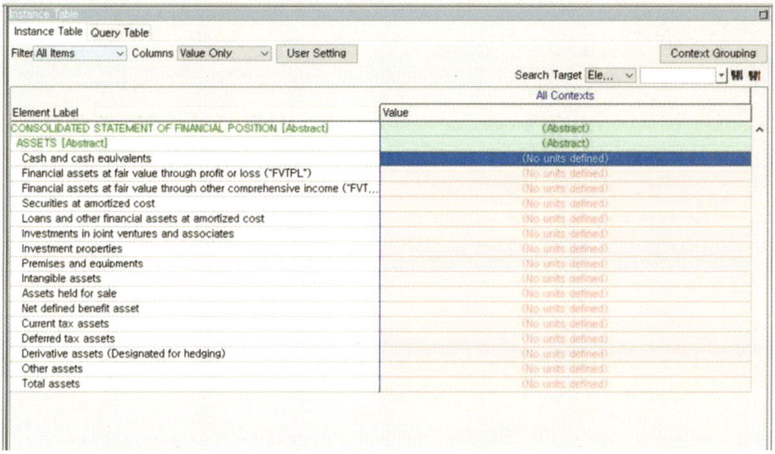

사실에 부여되는 통화를 정해줘야 하기 때문이다.

따라서 unit를 생성하기 위해서 Add Unit를 실행한다. 통화는 iso4217에서 사용하는 통화단위를 사용한다.

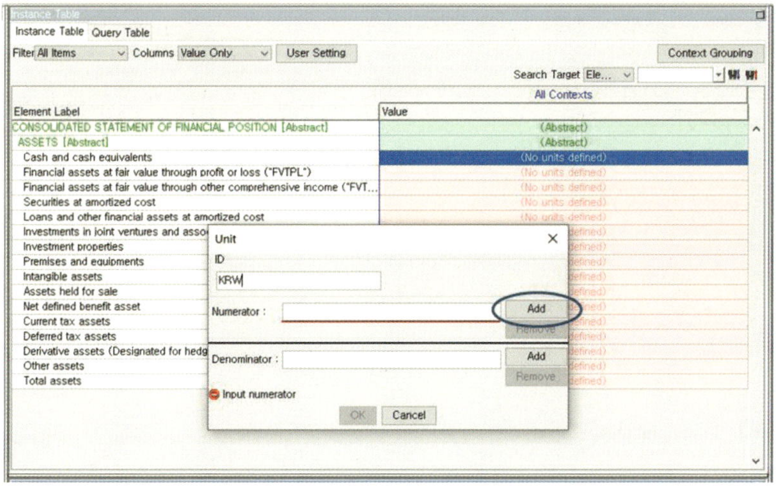

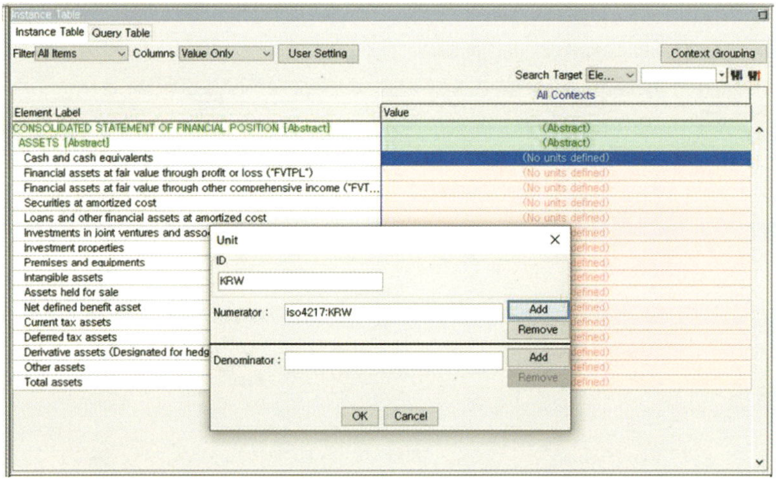

"OK"버튼을 누르면 unit이 정의되었고, 이후에는 다음과 같이 값을 입력할 수 있도록 셀이 활성화된다.

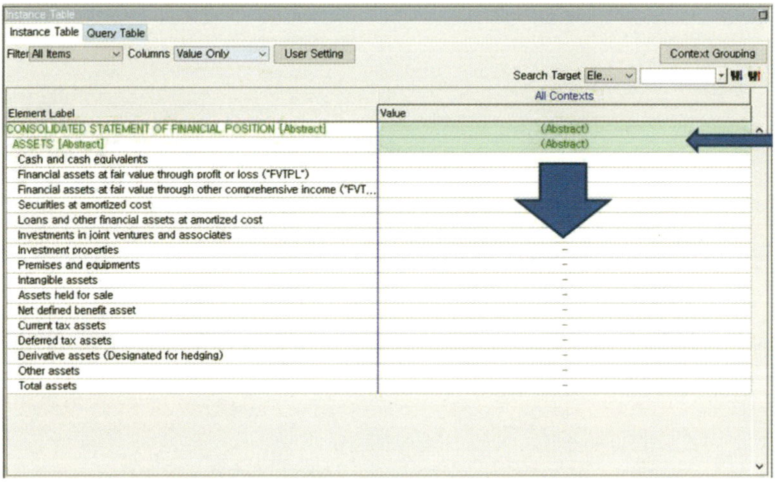

다음으로 2021년도 숫자를 입력한다. 이때 보고된 숫자는 백만단위

이기 때문에 입력하는 값은 백만단위 이후의 숫자는 편의상 “0”으로 기재한다. 이는 회사가 백만단위로 공시하였기 때문에 원단위까지는 파악할 수 없기 때문이다. 이렇게 값을 입력한 후에는 decimals를 “-6”으로 주어 해당 값이 백만자리까지 정확하다는 것을 지정한다.

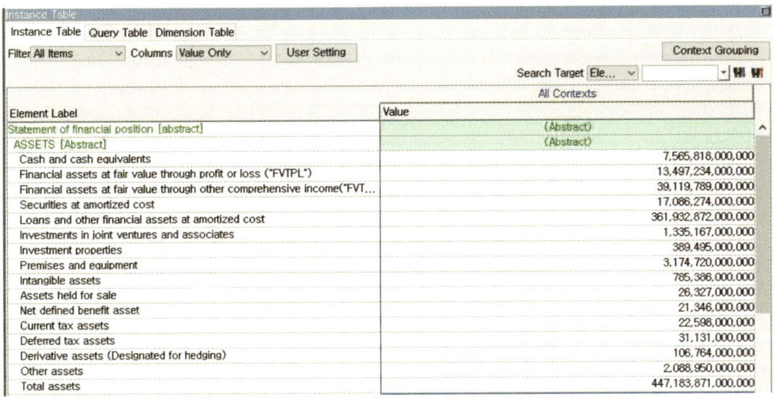

이때 “user setting” 버튼을 클릭하여 decimals “-6”을 지정해 준다.

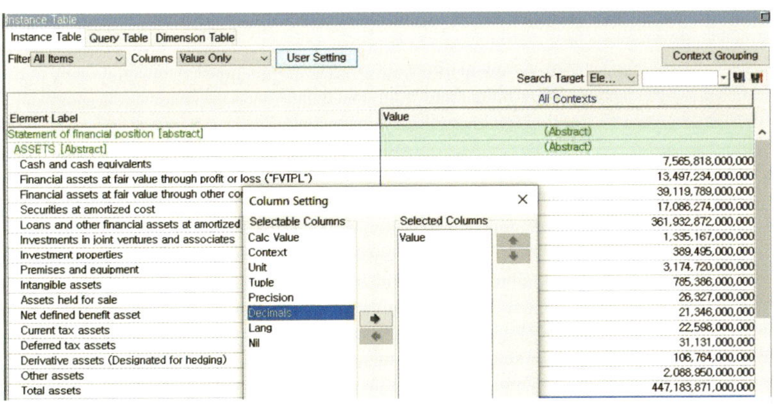

다음은 decimals "-6"을 지정한 결과이다.

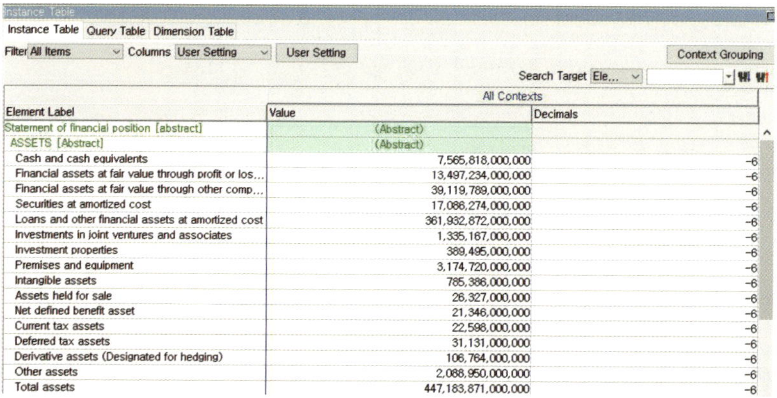

Element Label	All Contexts Value	Decimals
Statement of financial position [abstract]	(Abstract)	
ASSETS [Abstract]	(Abstract)	
Cash and cash equivalents	7,565,818,000,000	-6
Financial assets at fair value through profit or los...	13,497,234,000,000	-6
Financial assets at fair value through other comp...	39,119,789,000,000	-6
Securities at amortized cost	17,086,274,000,000	-6
Loans and other financial assets at amortized cost	361,932,872,000,000	-6
Investments in joint ventures and associates	1,335,167,000,000	-6
Investment properties	389,495,000,000	-6
Premises and equipment	3,174,720,000,000	-6
Intangible assets	785,386,000,000	-6
Assets held for sale	26,327,000,000	-6
Net defined benefit asset	21,346,000,000	-6
Current tax assets	22,598,000,000	-6
Deferred tax assets	31,131,000,000	-6
Derivative assets (Designated for hedging)	106,764,000,000	-6
Other assets	2,088,950,000,000	-6
Total assets	447,183,871,000,000	-6

3-2. 손익계산서 작성해 보기

다음은 우리금융지주의 2021년 1월 1일부터 2021년 12월 31일까지의 연결포괄손익계산서이다. 제2장에서 설명한 바와 같이 왼쪽 과목의 부분은 택사노미 문서를 구성하는 개념들이고, 그 외에는 인스턴스 문서를 구성하는 사실과 측면 정보이다.

연 결 포 괄 손 익 계 산 서

제3(당)기 2021년 1월 1일부터 2021년 12월 31일까지

제2(전)기 2020년 1월 1일부터 2020년 12월 31일까지

주식회사 우리금융지주와 그 종속기업 (단위:백만원)

과 목	제3(당)기		제2(전)기	
Ⅰ. 영업이익		3,659,749		2,080,394
1. 순이자이익(주석11,30,41)	6,985,721		5,998,512	
(1) 이자수익	9,894,749		9,523,853	
당기손익-공정가치측정금융자산 이자수익	45,803		48,612	
기타포괄손익-공정가치측정금융자산 이자수익	381,814		437,527	
상각후원가측정금융자산 이자수익	9,467,132		9,037,714	
(2) 이자비용	(2,909,028)		(3,525,341)	
2. 순수수료이익(주석11,31,41)	1,470,775		1,014,039	
(1) 수수료수익	2,171,705		1,694,016	
(2) 수수료비용	(700,930)		(679,977)	
3. 배당수익(주석11,32,41)	309,211		138,543	
4. 당기손익-공정가치측정금융상품관련손익(주석11,33,41)	325,751		421,709	
5. 기타포괄손익-공정가치측정금융자산관련손익(주석11,34)	32,624		24,138	
6. 상각후원가측정 금융자산매매손익(주석11)	107,317		44,443	
7. 신용손실에대한손상차손(주석35,41)	(536,838)		(784,371)	
8. 일반관리비(주석36,41)	(4,147,411)		(3,956,181)	
9. 기타영업손익(주석11,26,36,41)	(887,401)		(820,438)	

① Role Type 정의하기

먼저, 택사노미 문서를 구성하기 위해서는 Role Type을 정의하여야 한다.

Role Type List 정의는 재무상태표 작성하기를 참조하며, id, definition, used on 정의는 각각 다음과 같이 정의한다.

id는 "ConsolidatedStatementsOfComprehensiveIncome", role URI는 "http://www.woorifg.com/role/ConsolidatedStatementsOfComprehensiveIncome", 해당 Role Type의 definition은 번호-Statement - id 내용을 띄어쓰기로 기재하여, "10020000 - Statement - Consolidated Statements Of Comprehensive Income"으로 정의하였다.

그리고 해당 Role Type은 표시 링크(Presentation Link), 정의 링크(Definition Link), 계산검증 링크(Calculation Link)에서 사용된다.

② 손익 계정과목에 해당하는 엘리먼트를 찾아 presentation link에 parent-chid 관계 설정하기

Presentation Link 탭에서 중앙 화면에 Presentation Link를 두 번 클릭하여 활성화시킨 후 오른쪽 마우스를 클릭하여 "10020000 - Statement - Consolidated Statements Of Comprehensive Income"를 선택한 후, Xwand의 "Element Declaration List"에서 적절한 엘리먼트를 찾아 parent-child 관계를 설정한다.

prefix	name
ifrs-full	StatementOfComprehensiveIncomeAbstract[52]
ifrs-full	ProfitLossFromOperatingActivities
ifrs-full	InterestRevenueExpense[53]
ifrs-full	RevenueFromInterest
ifrs-full	InterestIncomeOnFinancialAssetsDesignatedAtFairValueThroughProfitOrLoss
ifrs-full	InterestRevenueForFinancialAssetsMeasuredAtFairValueThroughOtherCompre hensiveIncome
ifrs-full	InterestIncomeForFinancialAssetsMeasuredAtAmortisedCost
ifrs-full	InterestExpense
ifrs-full	FeeAndCommissionIncomeExpense[54]
ifrs-full	FeeAndCommissionIncome
ifrs-full	FeeAndCommissionExpense
ifrs-full	RevenueFromDividends
wf	GainsLossesOnFinancialInstrumentsAtFairValueThroughProfitOrLoss
ifrs-full	GainsLossesOnFinancialAssetsMeasuredAtFairValueThroughOtherComprehens iveIncomeBeforeTax
wf	GainsLossesArisingFromDerecognitionOfFinancialAssetsMeasuredAtAmortise dCost
ifrs-full	AdditionalAllowanceRecognisedInProfitOrLossAllowanceAccountForCreditLoss esOfFinancialAssets
ifrs-full	GeneralAndAdministrativeExpense
ifrs-full	OtherOperatingIncomeExpense

52) 한글화된 택사노미가 없어 영어버전을 사용하였다.
53) 순이자이익에 해당하는 엘리먼트이다.
54) 순수수료이익에 해당하는 엘리먼트이다.

③ 엘리먼트를 찾아 presentation link에 빌딩한 이후에는 각 엘리먼트에 label을 부여한다. label 부여는 재무상태표 만들기를 참조한다.

다음은 presentation link에 빌딩한 이후, label link에서 레이블까지 변경한 결과이다. 이때 parent-child 관계를 operating income의 하위 손익을 형성하지 않고, 동일한 레벨로 설정하였는데, calculation link에서는 operating income의 하위 손익계정과목은 parent-child 관계이다. 따라서, presentation link에서도 해당 관계를 parent-child 관계로 표시해도 무방하나, 편의상 순이자이익, 순수수료이익 등을 동일한 레벨로 표시하였다. 이는 정보 이용자가 영업이익이 하위 이익(손실) 항목을 더한 것으로 충분히 이해할 수 있기 때문이다.

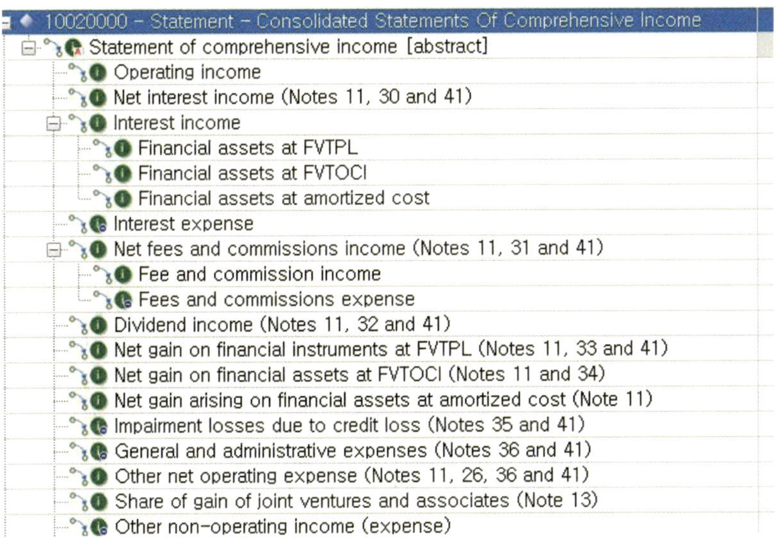

한편, "interest expense"와 "fees and commission expense" 등에는 아이콘에 표시가 포함되어 있는데 이는 앞서 설명한 negated label을 부여한 것이다.[55] negated label을 부여하면, 입력되는 값에 반대 부호로 디스플레이 되는 점을 유의하여야 한다.

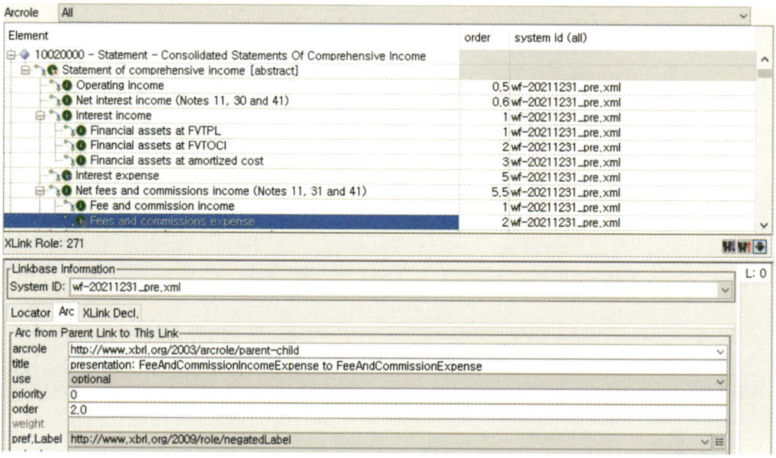

이렇게 negated label을 부여하는 이유는 해당 값이 손익계산서와 주석에서 다른 부호를 띄고 있기 때문이다. 다음과 같이 손익계산서의 수수료 비용 관련 주석에서는 값이 "700,930"이다(손익계산서에는 "(700,930)").

55) Arc 탭에 pref. Label에 "negatedLable"이 선택되어 있는 것을 확인할 수 있다.

(2) 당기 및 전기 중 발생한 수수료비용의 내용은 다음과 같습니다.

(단위:백만원)		
과목	당기	전기
지급수수료	261,734	246,824
신용카드관련지급수수료	425,796	424,316
증권업무수수료	1,605	551
기타	11,795	8,286
합계	700,930	679,977

XBRL 재무제표에는 하나의 개념(여기서는 수수료비용)에는 하나의 사실만이 대응되기 때문에, 수수료비용에 해당하는 엘리먼트에 700,930과 -700,930을 가질 수 없다. 따라서, 손익계산서에서 negatedLable로 처리하여, 손익계산서의 수수료비용이라는 개념(엘리먼트)에는 사실(값) (700,930)[56]으로 디스플레이 되게 하고, 주석에서는 700,930으로 디스플레이 되게 하는 것이다.

한편, Net Interest Income(Notes 11, 30 and 41)과 같이 label을 표시하고 싶다면, Label linkbase에서 표준 label에 추가로 label을 Add 하면 되며 아래와 같이 여러 가지 label을 만들어 둘 수 있다. 본 예제에서는 totalLabel을 선택하여 디스플레이 되도록 하였다.

---

56) 인스턴스 XML 구문은
〈ifrs-full:FeeAndCommissionExpense contextRef="2021D" decimals="-6" unitRef="Unit_KRW"〉700930000000〈/ifrs-full:FeeAndCommissionExpense〉이며,
Label linkbase에서
〈label xlink:type="resource" xlink:label="lab_ifrs-full_FeeAndCommissionExpense" xlink:role="http://www.xbrl.org/2009/role/negatedLabel" xml:lang="en-US"〉Fees and commissions expense〈/label〉와 같이 negatedLable로 처리된다.

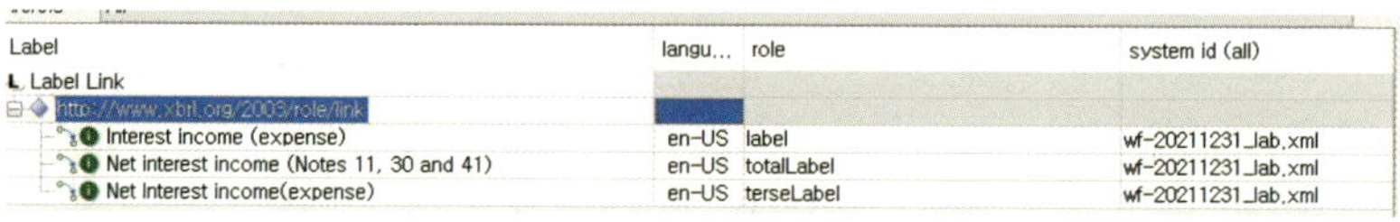

④ 인스턴스를 작성한다.

이제 완성된 택사노미 문서를 불러와서 인스턴스를 작성하면 된다. Xwand에서 Open Instance를 실행하면 다음과 같은 화면이 나타난다(위 재무상태표를 저장하고 난 후의 인스턴스를 계속 추가하는 것을 가정한 것이다. 새로 만들면 New Instance를 실행).

인스턴스를 오픈시켜보면, 다음과 같이 (Unmatched period type)이라는 상태가 뜬다. 이는 손익계산서 엘리먼트는 유량 정보이므로 duration context가 생성되어 있어야 하는데, 재무상태표를 작성하면서 만든 context는 instant context만 만들었기 때문이다.

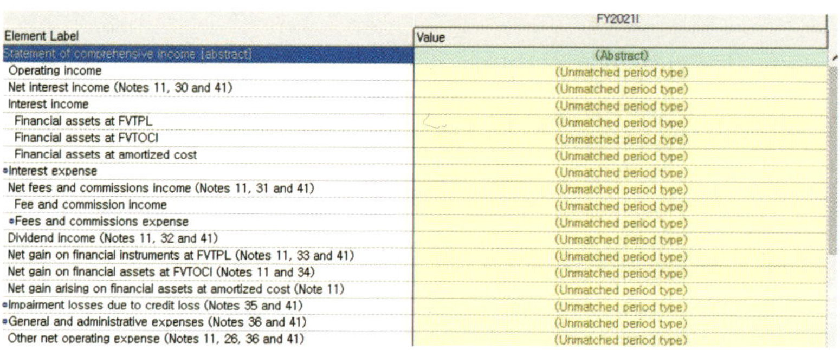

따라서 추가로 2021년 1월 1일부터 2021년 12월 31일까지의

duration context를 다음과 같이 생성한다.

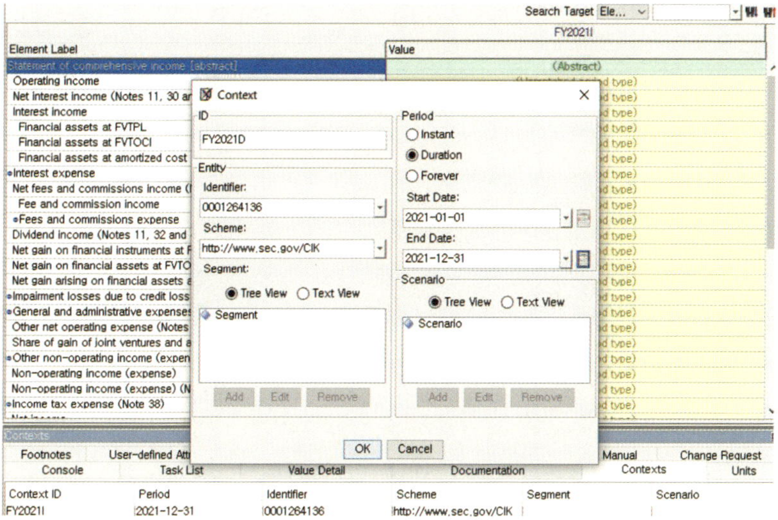

재무상태표에서 설명하였던 것처럼 Add Conext를 실행하고, id 생성 시 2021년 1월 1일부터 12월 31일의 context를 만들기 위해서 id는 FY2021D로 생성한다. 앞에서도 설명하였지만, 숫자로 시작하지만 않으면, 편의대로 id는 생성하면 된다. identifier와 scheme정보도 추가하여 스키마에 포함될 context 정보를 완성한다.

한편, View탭에서 Select Context/Context Groups을 선택하면 아래와 같이 FY2021D context가 생성된 것을 확인할 수 있으며, 이를 오른쪽 창으로 추가해 주고 OK를 누르면, 값을 입력할 수 있도록 활성화가 된다.

값을 입력한 후 창의 내용은 다음과 같다.

Element Label	Value	Value
Statement of comprehensive income [abstract]	(Abstract)	(Abstract)
Operating income	(Unmatched period type)	3,659,749,000,000
Net interest income (Notes 11, 30 and 41)	(Unmatched period type)	6,985,721,000,000
Interest income	(Unmatched period type)	9,894,749,000,000
Financial assets at FVTPL	(Unmatched period type)	45,803,000,000
Financial assets at FVTOCI	(Unmatched period type)	381,814,000,000
Financial assets at amortized cost	(Unmatched period type)	9,467,132,000,000
•Interest expense	(Unmatched period type)	2,909,028,000,000
Net fees and commissions income (Notes 11, 3...	(Unmatched period type)	1,470,775,000,000
Fee and commission income	(Unmatched period type)	2,171,705,000,000
•Fees and commissions expense	(Unmatched period type)	700,930,000,000
Dividend income (Notes 11, 32 and 41)	(Unmatched period type)	309,211,000,000
Net gain on financial instruments at FVTPL (Not...	(Unmatched period type)	325,751,000,000
Net gain on financial assets at FVTOCI (Notes 1...	(Unmatched period type)	32,624,000,000
Net gain arising on financial assets at amortized...	(Unmatched period type)	107,317,000,000
•Impairment losses due to credit loss (Notes 35 ...	(Unmatched period type)	536,838,000,000
•General and administrative expenses (Notes 36...	(Unmatched period type)	4,147,411,000,000
Other net operating expense (Notes 11, 26, 36 ...	(Unmatched period type)	-887,401,000,000

여기서 유의할 점은 아이콘에 표시가 포함되어 있는 negated label에는 반대 부호의 값을 입력하여야 한다는 것이다. 이는 앞서 설명한 바와 같이 반대 부호로 디스플레이 되기 때문이다. 반면 "Other net operating expense"는 "-887,401,000,000"이 값인 것을 확인할 수 있다. 이는 값이 가진 부호대로 디스플레이 되기 때문이다.[57] 한편, decimals는 "-6"을 부여하여 백만단위까지 정확한 숫자라는 것을 선언한다.

57) 인스턴스XML구문〈ifrs-full:OtherOperatingIncomeExpensecontextRef="2021D"decimals="-6" unitRef="Unit_KRW"〉-887401000000〈/ifrs-full:OtherOperatingIncomeExpense〉

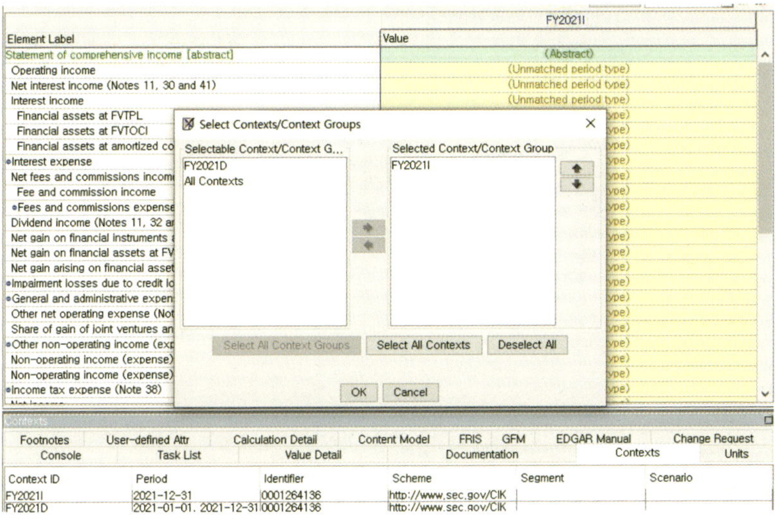

3-3. 자본변동표 작성해 보기

현금흐름표는 디멘전 구조가 아닌 평면 구조이므로 설명을 생략하며, 디멘전 구조인 자본변동표 작성으로 넘어간다.

다음은 우리금융지주의 2021년 1월 1일부터 2021년 12월 31일까지의 연결자본변동표이다. 제2장에서 설명한 바와 같이 왼쪽 과목의 부분은 택사노미 문서를 구성하는 개념들이고, 그 외에는 인스턴스 문서를 구성하는 사실과 측면 정보이다. 자본변동표는 재무상태표와 손익계산서와 달리 디멘전 구조이다. 당기순이익이라는 개념에 2020년도 사실(값)이 1,515,249이지만, 추가적인 차원으로 멤버(이익잉여금, 지배기업소유주지분, 비지배지분)가 있는 표 구조이기 때문이다. 따라서,

앞서 설명한 “10. Dimension 구조”와 같이 구문을 작성하여야 한다.

연 결 자 본 변 동 표

제3(당)기 2021년 1월 1일부터 2021년 12월 31일까지

제2(전)기 2020년 1월 1일부터 2020년 12월 31일까지

주식회사 우리금융지주와 그 종속기업 (단위:백만원)

과 목	자 본 금	신종자본증권	자본잉여금	기타자본	이익잉여금	지배기업 소유주지분 합 계	비지배지분	총 계
2020.1.1(전기초)	3,611,338	997,544	626,295	(2,249,322)	18,524,515	21,510,370	3,981,962	25,492,332
당기총포괄이익:								
당기순이익	-	-	-	-	1,307,266	1,307,266	207,983	1,515,249
기타포괄손익-공정가치측정 금융상품평가손익	-	-	-	59,417	-	59,417	(57)	59,360
기타포괄손익-공정가치측정 지분증권처분손익	-	-	-	2,664	(2,664)	-	-	-
지분법자본변동	-	-	-	(2,298)	-	(2,298)	-	(2,298)
해외사업환산손익	-	-	-	(145,376)	-	(145,376)	(8,096)	(153,472)
현금흐름위험회피평가손익	-	-	-	4,306	-	4,306	114	4,420
확정급여제도의 재측정요소	-	-	-	9,782	-	9,782	1	9,783
소유주와의 거래 등:								
보통주 배당	-	-	-	-	(505,587)	(505,587)	(2,071)	(507,658)
신종자본증권 발행	-	897,822	-	-	-	897,822	-	897,822
신종자본증권 배당	-	-	-	-	(48,915)	(48,915)	(162,362)	(211,277)
신종자본증권 상환	-	-	-	(31,252)	-	(31,252)	(555,744)	(586,996)
종속기업자본변동	-	-	(184)	4,607	(6,350)	(1,927)	45,684	43,757
사업결합관련 비지배지분변동	-	-	-	-	-	-	164,823	164,823
2020.12.31(전기말)	3,611,338	1,895,366	626,111	(2,347,472)	19,268,265	23,053,608	3,672,237	26,725,845

따라서, 하이퍼큐브(Hypercube Item), 액시스(Dimension Item) 및 도메인&멤버(Domain Member)의 구조로 택사노미 문서를 작성하여야 한다.

① Role Type 정의하기

먼저, 택사노미 문서를 구성하기 위해서는 Role Type을 정의하여야 한다.

Role Type List 정의는 재무상태표 작성하기를 참조하며, id, definition, used on 정의는 각각 다음과 같이 정의한다.

id는 “ConsolidatedStatementsOfChangesInEquity”, roleURI는 “http://www.woorifg.com/role/ConsolidatedStatementsOfChan

gesInEquity", 해당 Role Type의 definition은 번호- Statement - id 내용을 띄어쓰기로 기재하여, "10040000 - Statement - Consolidated Statements Of Changes In Equity"로 정의하였다.

그리고 해당 Role Type은 표시 링크(Presentation Link), 정의 링크(Definition Link), 계산검증 링크(Calculation Link)에서 사용된다.

② 자본변동표 계정과목에 해당하는 엘리먼트를 찾아 presentation link에 parent-chid 관계 설정하기

Presentation Link 탭에서 중앙 화면에 Presentation Link를 두 번 클릭하여 활성화시킨 후 오른쪽 마우스를 클릭하여 "10040000 - Statement - Consolidated Statements Of Changes In Equity"를 선택한 후, Xwand의 "Element Declaration List"에서 적절한 엘리먼트를 찾아 parent-child 관계를 설정한다.

이때 앞서 설명한 바와 같이 자본변동표는 Dimension 구조이기 때문에 하이퍼큐브(Hypercube Item), 액시스(Dimension Item) 및 도메인&멤버(Domain Member)의 구조로 택사노미 문서를 작성하여야 한다.

prefix	name
ifrs-full	StatementOfChangesInEquityAbstract[58]
ifrs-full	StatementOfChangesInEquityTable
ifrs-full	ComponentsOfEquityAxis
ifrs-full	EquityMember
ifrs-full	IssuedCapitalMember

58) 한글화된 택사노미가 없어 영어버전을 사용하였다.

prefix	name
wf	HybridSecuritiesOfOtherEquityInterestMember
ifrs-full	SharePremiumMember
ifrs-full	OtherEquityInterestMember
ifrs-full	RetainedEarningsMembe
ifrs-full	EquityAttributableToOwnersOfParentMember
ifrs-full	NoncontrollingInterestsMember
ifrs-full	StatementOfChangesInEquityLineItems
ifrs-full	Equity
ifrs-full	ChangesInEquityAbstract
ifrs-full	ComprehensiveIncomeAbstract
ifrs-full	ProfitLoss
ifrs-full	OtherComprehensiveIncomeNetOfTaxFinancialAssetsMeasuredAtFairValueThroughOtherComprehensiveIncome
wf	ReclassificationAdjustmentsOnEquityDueToDisposalOfEquitySecuritiesOfFinancialAssetsMeasuredAtFairValueThroughOtherComprehensiveIncome
ifrs-full	ShareOfOtherComprehensiveIncomeOfAssociatesAndJointVenturesAccountedForUsingEquityMethod
ifrs-full	OtherComprehensiveIncomeNetOfTaxExchangeDifferencesOnTranslation
ifrs-full	OtherComprehensiveIncomeNetOfTaxCashFlowHedges
wf	OtherComprehensiveIncomeNetOfTaxFromDisposalOfNoncurrentAssetsOrDisposalGroupsClassifiedAsHeldForSaleAndDiscontinuedOperations
ifrs-full	OtherComprehensiveIncomeNetOfTaxGainsLossesOnRemeasurementsOfDefinedBenefitPlans
wf	TrasnsactionsWithOwnersAndOthersAbstract
ifrs-full	DividendsPaidOrdinaryShares
wf	IssuanceOfHybridSecurities
wf	DividendsToHybridSecurities
wf	RedemptionOfHybridSecurities
ifrs-full	IncreaseDecreaseThroughChangeInEquityOfSubsidiaries
wf	ChangesInNonControllingInterestsRelatedToBusinessCombination
ifrs-full	Equity

보고서 구성요소별로 하나 하나 살펴보면, “StatementOfChangesInEquityAbstract”는 이 표의 제목을 나타내며, “StatementOfChangesInEquityTable”은 표를 만들 것이라는 것을 컴퓨터에게 알려주는 것으로 디멘전 구조를 만들 때 처음 사용하는 엘리먼트(하이퍼큐브(Hypercube Item))이다. 이후에는 액시스(Dimension Item)

및 도메인&멤버(Domain Member)의 구조를 사용하는 것으로 "EquityMember"가 하위 멤버를 그룹핑 하는 도메인이 된다. 표 구조에서 개념(Concept)에 해당하는 Y축의 엘리먼트를 나열하기 위해서 Y축의 개념들을 나열한다는 것을 컴퓨터에게 알려주기 위해 "StatementOfChangesInEquityLineItems"를 사용한다. 앞서 보고서 구성요소에서도 설명했지만 이 엘리먼트에는 사실을 나타낼 수 없어 Abstract 엘리먼트와 유사하다.

하위의 개념을 나열할 때 Abstract를 세 개 사용하여 각각의 개념에 대한 그룹핑 제목을 다음과 같이 정의하였다.

ChangesInEquityAbstract
　　└ ComprehensiveIncomeAbstract[59)]
　　└ TrasnsactionsWithOwnersAndOthersAbstract[60)]

각각의 Abstract 하위에는 Concept을 나열하여 정의하였다.

이상을 parent-child 관계가 정의된 presentation link를 살펴보면 다음과 같다.

59) 국문보고서의 "당기총포괄이익:"에 해당
60) 국문보고서의 "당기총포괄이익:"에 해당

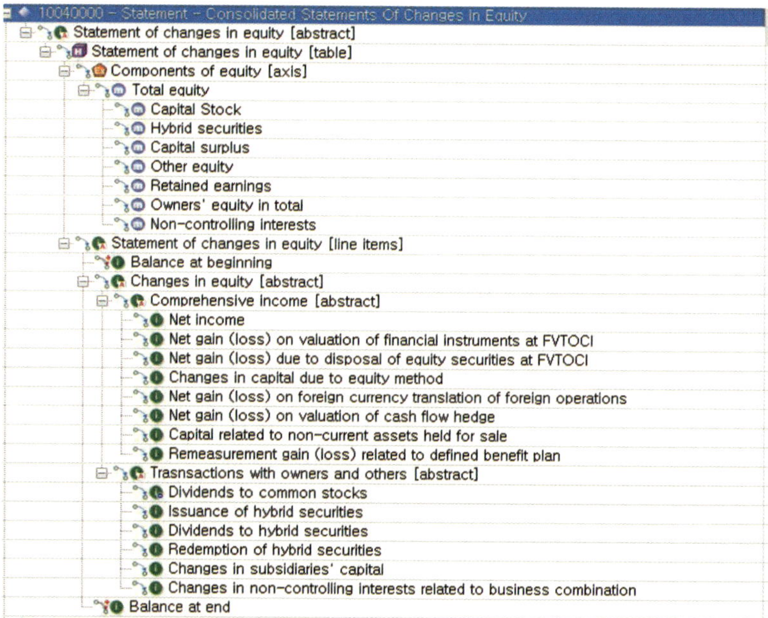

여기서 액시스와 라인아이템이 각각 하이퍼큐브의 Child라는 점을 유의하면 되고, abstract에 다시 abstract를 Child로 둘 수 있는 점을 유의하면 된다.

한편, 하나의 표 안에서 동일한 개념인 자본 총계를 2020년(전기초)와 2020년(전기말)로 표시해야 하기 때문에 동일한 개념인 ifrs-full_equity를 중복하여 사용하여야 하기 때문에, 동일한 엘리먼트에 label을 각각 "PeriodStartLabel"과 "PeriodEndLabel"을 주어 기초와 기말이 표시되게 한다. 다음은 Label Linkbase에 정의된 label들이며, presentation linkbase에서 preferred label을 각각 "PeriodStartLabel"과 "PeriodEndLabel"을 선택하면 된다.

■ ifrs-full_equity엘리먼트의 Label link

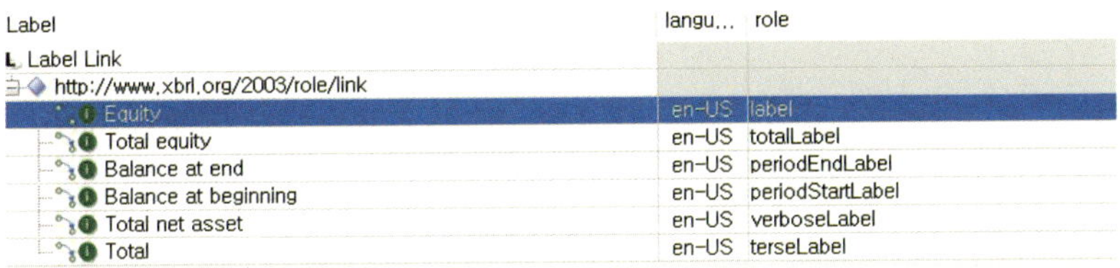

■ PeriodStartLabel

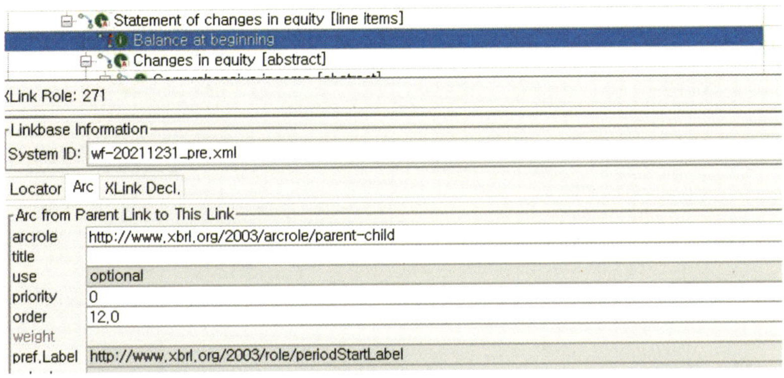

■ PeriodEndLabel

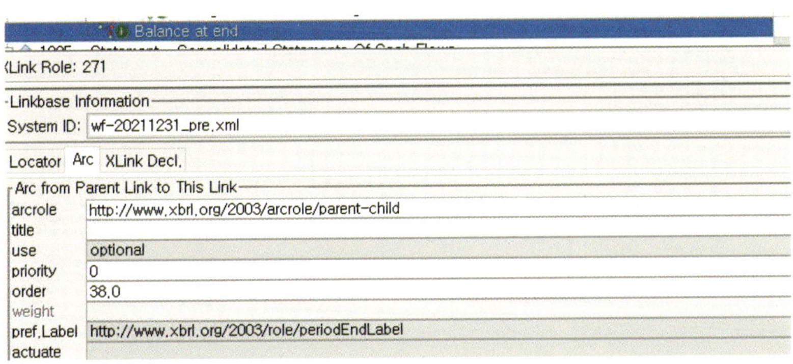

③ definition link에서 관계 설정하기

자본변동표는 Dimension 구조이기 때문에 반드시 definition link에서 엘리먼트 간의 관계를 설정하여야 한다. 각각의 관계는 "10. Dimension 구조"를 참조한다.

Xwand에서 definition link를 정의한 결과는 다음과 같다.

이때 정의(Definition Link)를 구성할 때, Lineitem을 parent로 하고, Concept을 child 관계로 설정하고, Lineitem을 parent로 하고, Hypercube item을 child 관계로 설정한 사례이다.

이때 유의할 점은 ifrs-full_equity는 presentation link와는 달리 중복하여 나타나지 않는 점이다. 즉, 해당 엘리먼트의 Lineitem과 Concept의 관계는 domain-member관계라는 것만 설정하는 것이지 이 엘리먼트가 기초와 기말로 표시된다는 것에 대해서는 설정할 수 없다는 것이다. 이는 presentation link에서만 수행하는 것이다.

■ Lineitem을 root item으로 둔 경우 definition link

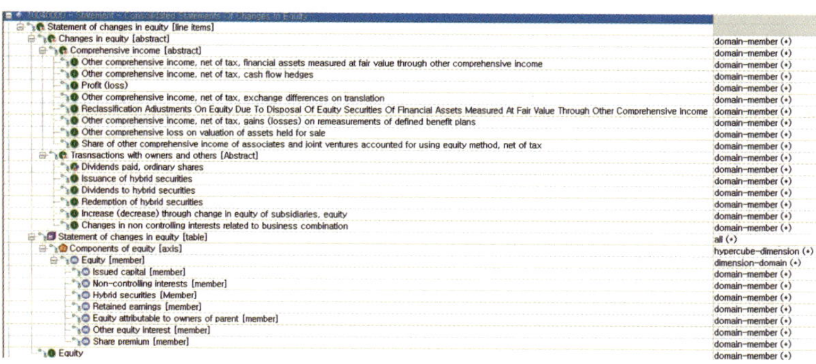

한편, 다음은 정의(Definition Link)를 구성할 때, Abstract를 parent로 하고, Hypercube item을 child 관계로 설정한 사례이다(Hypercube item과 abstract의 parent를 모두 abstract로 구성한 사례). 이 경우에는 상위에 abstract(Statement of changes in equity)를 추가로 정의해야 한다.

■ Abstract를 root item으로 둔 경우 인스턴스

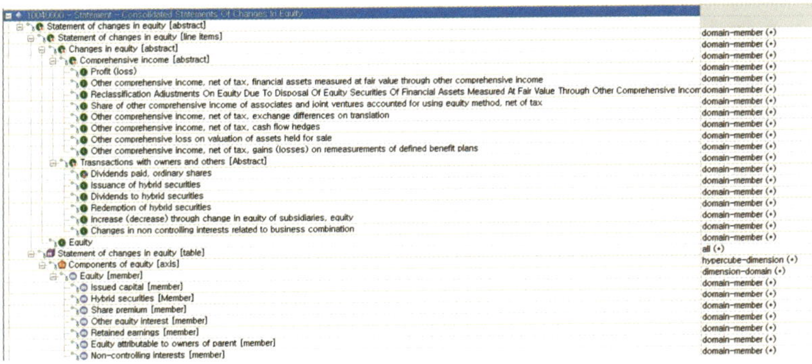

④ 인스턴스를 작성한다.

이제 완성된 택사노미 문서를 불러와서 인스턴스를 작성하면 된다. Xwand에서 Open Instance를 실행하면 다음과 같은 화면이 나타난다(위 재무상태표와 손익계산서를 저장하고 난 후의 인스턴스를 계속 추가하는 것을 가정한 것이다. 새로 만들면 New Instance를 실행).

■ Lineitem을 root item으로 둔 경우 인스턴스

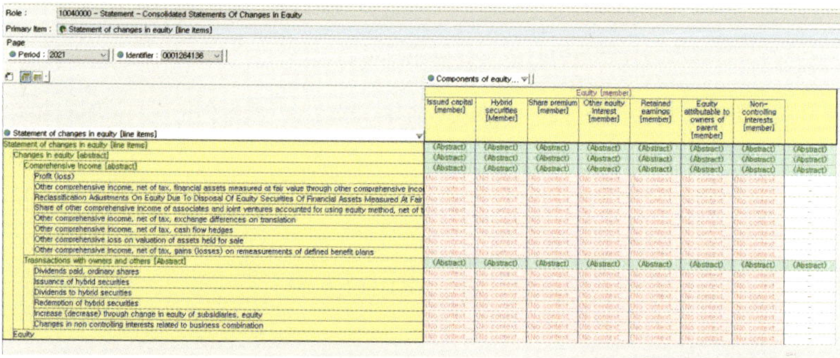

■ Abstract를 root item으로 둔 경우 인스턴스

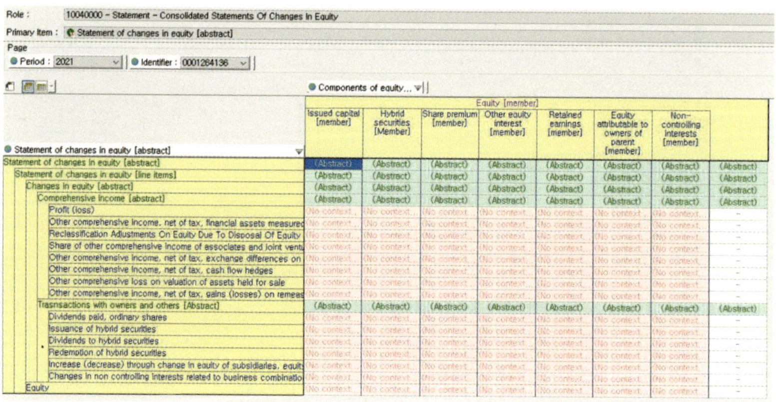

본 가이드에서는 Lineitem을 root item으로 둔 경우 인스턴스 문서를 작성하기로 한다.

마찬가지로 먼저 Context를 만들어야 하는데, 해당 기능은 Xwand의 Edit의 Create Dimension Contexts 실행어를 실행시키면 된다. 이 실행어를 실행시키면 member별로 member와 axis 및 연도가 모두 포

함되는 Context가 만들어진다.

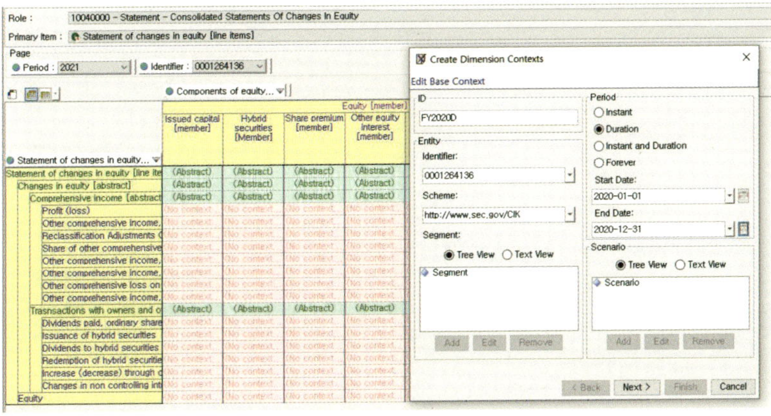

재무상태표와 손익계산서의 평면구조의 Context를 만드는 것과 달리 Dimension 구조는 FY2020D아이디에 각 멤버와 액시스가 결합되는 Context를 만들게 된다.

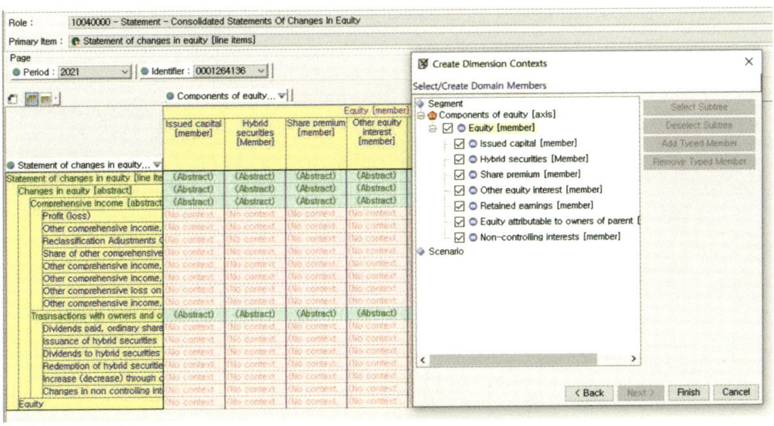

XML 구문은 다음과 같다. “OtherEquityInterestMember”의 2020년도의 duration을 입력하기 위하여 액시스와 멤버를 각각 상하위 개념으로 두고, 멤버와 연도를 조합한 context를 만든 구문이다. 이는 Xwand에서 작성한 구문이다. 따라서 XML 구문에 대한 자세한 지식이 없어도 XBRL 작성기를 활용하면 XML 구문 생성은 가능하다.

```
<xbrli:context id="FY2020D_OtherEquityInterestMember">
  <xbrli:entity>
          <xbrli:identifier  scheme="http://www.sec.gov/CIK">0001264136</
xbrli:identifier>
    &lt;xbrli:segment&gt;
     <xbrldi:explicitMember dimension="ifrs-full:ComponentsOfEquityAxis">if
rs-full:OtherEquityInterestMember</xbrldi:explicitMember>
    &lt;/xbrli:segment&gt;
  </xbrli:entity>
  <xbrli:period>
    <xbrli:startDate>2020-01-01</xbrli:startDate>
    <xbrli:endDate>2020-12-31</xbrli:endDate>
  </xbrli:period>
</xbrli:context>
```

모든 Context가 만들어지면, 다음과 같이 입력할 수 있는 셀들이 활성화 되고, 개념과 멤버가 교차하는 곳에 값을 입력하면 된다. 앞서 설명한 바와 같이 Equity 도메인이 합계의 역할을 한다.

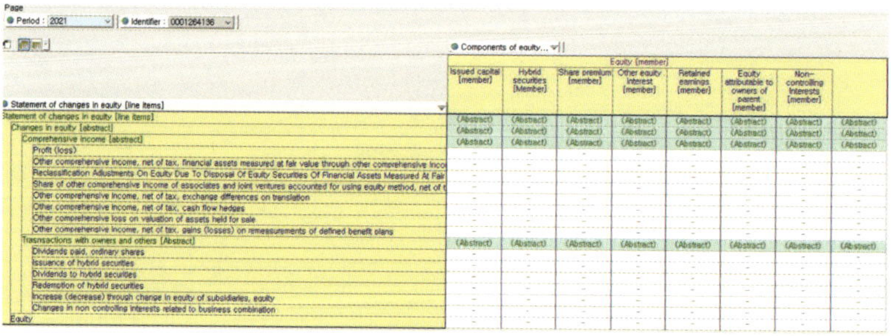

instant인 Equity도 입력하기 위해서 Xwand의 Edit의 Create Dimension Contexts 실행어를 실행시키면 된다. 이때는 FY2020I의 아이디로 각 멤버를 연결시키도록 하여 instant값을 입력할 수 있게 한다.

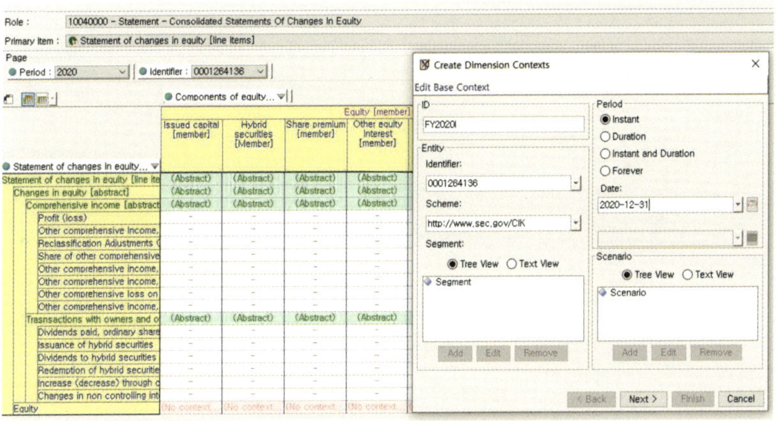

2020년도 변동분을 입력하면 다음과 같다.

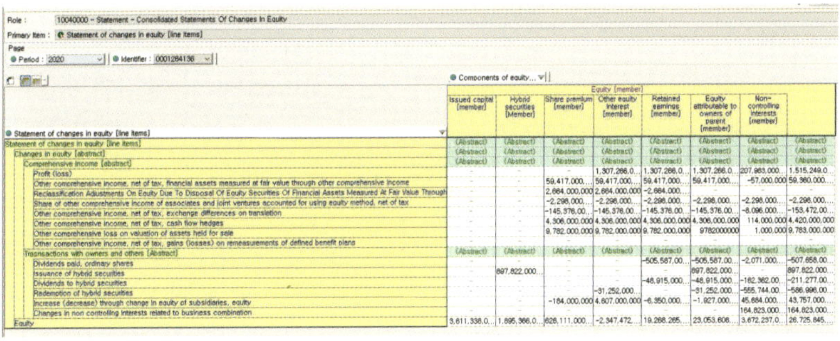

유의할 점은 equity의 2020년 12월 31일 금액은 입력할 수 있지만, 기초 금액(2020년 1월 1일 금액)은 입력할 수 없는데, 이는 2020년 1월

1일 금액은 2019년 12월 31일 금액과 동일하고 해당 연도의 Context를 만들어서 입력하여야 하기 때문이다.

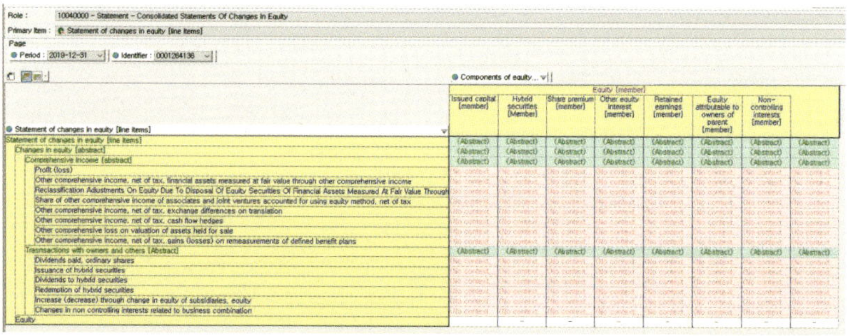

FY2020I의 아이디로 각 멤버를 연결시키도록 하여 instant값을 입력할 수 있도록 context를 만드는 사례를 참조하여 FY2019I의 아이디로 각 멤버를 연결시키도록 하여 instant값을 입력할 수 있도록 context를 생성하면 다음과 같이 값을 입력할 수 있도록 활성화되는 것을 알 수 있다.

2019년 12월 31일 각 멤버와 연계된 Context에 값을 입력하면 다음과 같다.

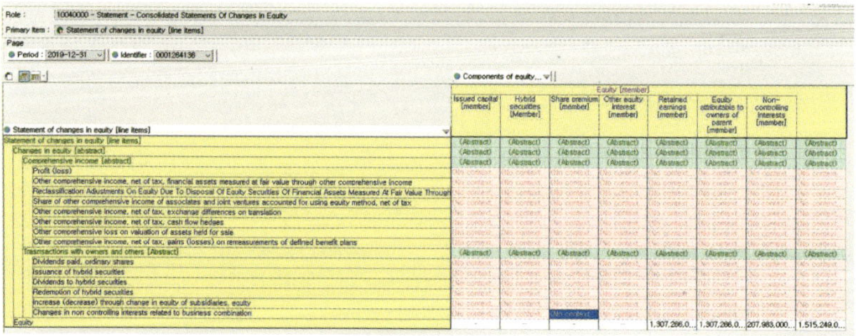

이렇게 인스턴스 문서에서는 각각의 문서로 디스플레이 되는 것처럼 보이지만, 실제 디스플레이 될 때는 기초와 기말이 같은 표 안에서 보인다. 이는 presentation link에서 설정한 대로 디스플레이 되기 때문이다.

4. 주석 작성해 보기

다음은 우리금융지주의 주석15. 유형자산의 (1)번 주석이다. 주석은 대부분 표구조이다. 즉 X축의 멤버와 Y축의 라인아이템(하위 개념)으로 구성된다. 따라서, 앞서 설명한 "10. Dimension 구조"와 같이 구문을 작성하여야 한다.

15. 유형자산

(1) 당기말 및 전기말 현재 유형자산의 내용은 다음과 같습니다.

(단위:백만원)							
당기말							
구분	토지	건물	업무용동산	임차점포시설물	건설중인자산	업무용구축물	합계
유형자산(소유분)	1,719,325	756,964	258,361	51,354	3,171	1	2,789,176
사용권자산	-	367,480	18,064	-	-	-	385,544
장부금액	1,719,325	1,124,444	276,425	51,354	3,171	1	3,174,720

① Role Type 정의하기

먼저, 택사노미 문서를 구성하기 위해서는 Role Type을 정의하여야 한다.

Role Type List 정의는 재무상태표 작성하기를 참조하며, id, definition, used on 정의는 각각 다음과 같이 정의한다.

id는 "PremisesAndEquipmentDetailsOfPremisesAndEquipme

ntDetails", roleURI는 "http://www.woorifg.com/role/PremisesAndEquipmentDetailsOfPremisesAndEquipmentDetails", 해당 role Type의 definition은 번호- Disclosure - id 내용을 띄어쓰기로 기재하여, "24150101 - Disclosure - Premises and equipment_Details of premises and equipment (Details)"로 정의하였다.

그리고 해당 Role Type은 표시 링크(Presentation Link), 정의 링크(Definition Link), 계산검증 링크(Calculation Link)에서 사용된다.

② 주석에 해당하는 엘리먼트를 찾아 presentation link에 parent-chid 관계 설정하기

Presentation Link 탭에서 중앙 화면에 Presentation Link를 두 번 클릭하여 활성화시킨 후 오른쪽 마우스를 클릭하여 "24150101 - Disclosure - Premises and equipment_Details of premises and equipment (Details)"를 선택한 후, Xwand의 "Element Declaration List"에서 적절한 엘리먼트를 찾아 parent-child 관계를 설정한다.

이 때 앞서 설명한 바와 같이 자본변동표는 Dimension 구조이기 때문에 하이퍼큐브(Hypercube Item), 액시스(Dimension Item) 및 도메인&멤버(Domain Member)의 구조로 택사노미 문서를 작성하여야 한다.

prefix	name
ifrs-full	DisclosureOfPropertyPlantAndEquipmentAbstract
ifrs-full	DisclosureOfPropertyPlantAndEquipmentTable
ifrs-full	ClassesOfPropertyPlantAndEquipmentAxis
ifrs-full	PropertyPlantAndEquipmentMember
ifrs-full	LandMember
ifrs-full	BuildingsMember
us-gaap	MachineryAndEquipmentMember
ifrs-full	LeaseholdImprovementsMember

prefix	name
ifrs-full	ConstructionInProgressMember
ifrs-full	FixturesAndFittingsMember
ifrs-full	DisclosureOfPropertyPlantAndEquipmentLineItems
wf	PropertyPlantAndEquipmentOwned
ifrs-full	RightofuseAssets
ifrs-full	PropertyPlantAndEquipment

보고서 구성요소별로 하나 하나 살펴보면, "DisclosureOfPropertyPlantAndEquipmentAbstract"는 이 표의 제목을 나타내며, "DisclosureOfPropertyPlantAndEquipmentTable"은 표를 만들 것이라는 것을 컴퓨터에게 알려주는 것으로 디멘전 구조를 만들 때 처음 사용하는 엘리먼트(하이퍼큐브(Hypercube Item))이다. 이후에는 액시스(Dimension Item) 및 도메인&멤버(Domain Member)의 구조를 사용하는 것으로 "PropertyPlantAndEquipmentMember"가 하위 멤버를 그룹핑 하는 도메인이 된다. 표 구조에서 개념(Concept)에 해당하는 Y축의 엘리먼트를 나열하기 위해서 Y축의 개념들을 나열한다는 것을 컴퓨터에게 알려주기 위해 "DisclosureOfPropertyPlantAndEquipmentLineItems"을 사용한다. 앞서 보고서 구성요소에서도 설명했지만 이 엘리먼트에는 사실을 나타낼 수 없어 Abstract 엘리먼트와 유사하다.

X축의 멤버는 "LandMember"부터 "FixturesAndFittingsMember"까지 6개이다. 앞서 설명한 바와 같이 "PropertyPlantAndEquipmentMember" 도메인이 합계의 역할을 한다.

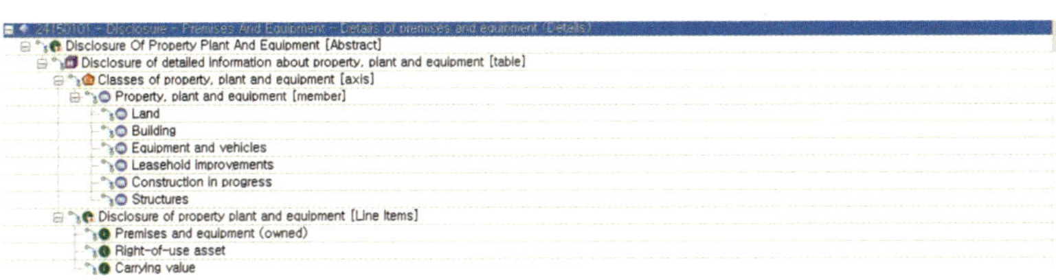

③ definition link에서 관계 설정하기

주석 5.(1)은 Dimension 구조이기 때문에 반드시 definition link에서 엘리먼트 간의 관계를 설정하여야 한다. 각각의 관계는 “10. Dimension 구조”를 참조한다.

Xwand에서 definition link를 정의한 결과는 다음과 같다.

이때 정의(definition link)를 구성할 때, Lineitem을 parent로 하고, Concept을 child 관계로 설정하고, Lineitem을 parent로 하고, Hypercube item을 child 관계로 설정한 사례이다.

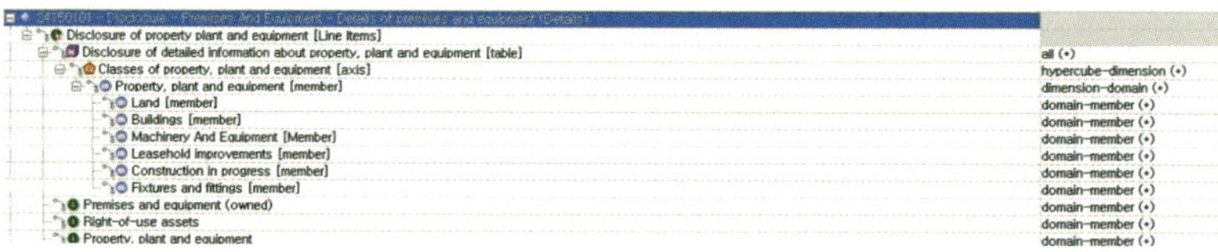

④ 인스턴스를 작성한다.

이제 완성된 택사노미 문서를 불러와서 인스턴스를 작성하면 된다. Xwand에서 Open Instance를 실행하면 다음과 같은 화면이 나타난다(위 재무상태표와 손익계산서를 저장하고 난 후의 인스턴스를 계속 추가하는 것을 가정한 것이다. 새로 만들면 New Instance를 실행).

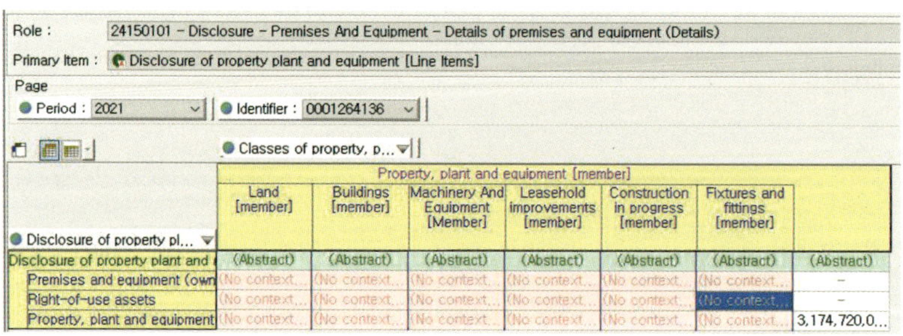

아직 Context를 만들기 전이지만, 유형자산 장부가액에 대한 금액이 입력되어 있는 것을 알 수 있다. 이는 재무상태표를 작성할 때 ifrs-full_PropertyPlantAndEquipment에 사실(3,174,720,000,000)을 태깅하였기 때문이다.

마찬가지로 주석을 태깅하기 위해서는 먼저 Context를 만들어야 하는데, 해당 기능은 Xwand의 Edit의 Create Dimension Contexts 메뉴를 실행시키면 된다. 이 메뉴를 실행시키면 member별로 member와 axis 및 연도가 모두 포함되는 Context가 만들어진다. 2021년도의 Context를 만드는 방법은 자본변동표 부분을 참고하면 된다.

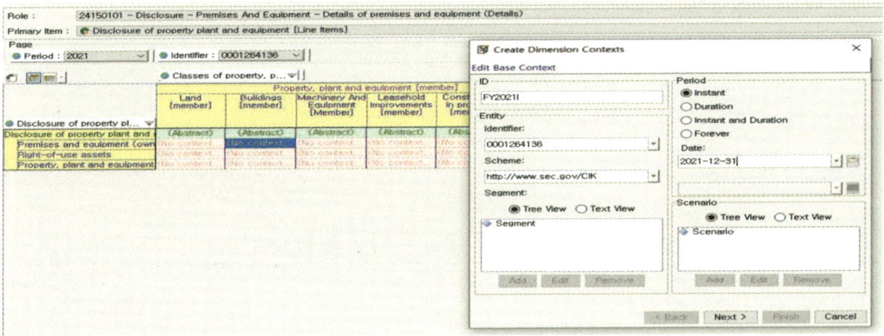

2021년 12월 31일 각 멤버와 연계된 Context에 값을 입력하면 다음과 같다.

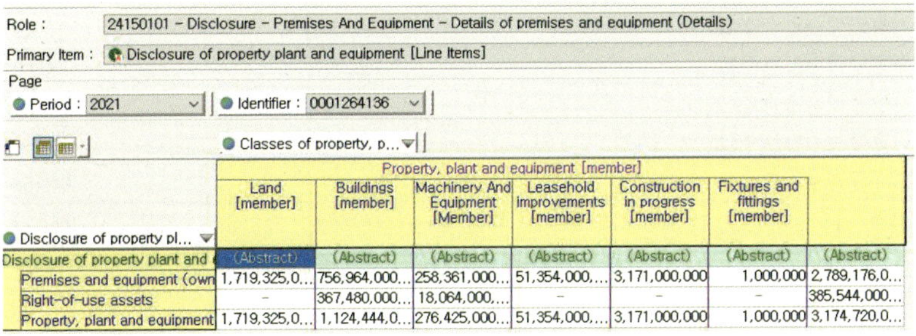

5. Calculation Link 작성해 보기

보고서의 사실(Fact) 중 숫자로 된 값은 Calculation Link의 계산검증을 통해 보고서의 유효성을 검사할 수 있다. 이는 가중치(weight) +1 또는 -1을 주어 트리(Tree)구조를 만들어서 이를 합산하여 계산검증하게 하는 방법으로 자식(Child)의 숫자를 모두 합산하여 부모(Parent)의 숫자와 비교하는 것이다.

다음은 우리금융지주의 주석31. 순수수료이익의 (1)번 주석이다. 이 주석은 Dimension 구조는 아니다. 왜냐하면, 판매대리수수료 등 계정과목과 사실은 각각 1대1 대응이 되기 때문이다. 단순히 당기와 전기의 Context로 나누어지는 구조는 평면구조이다.

31. 순수수료이익

(1) 당기 및 전기 중 발생한 수수료수익의 내용은 다음과 같습니다.

		(단위:백만원)
과목	당기	전기
판매대리수수료	182,794	162,653
여신관련수입수수료	197,125	195,391
전자금융수입수수료	131,941	125,107
외국환취급수수료	56,210	55,984
외환수입수수료	73,894	69,017
수입보증료	76,428	74,647
신용카드수입수수료	573,048	507,852
증권업무수입수수료	100,991	79,606
신탁업무운용수익	216,203	160,564
신용정보수입수수료	10,220	13,254
리스관련수수료	374,900	84,164
기타	177,951	165,777
합계	2,171,705	1,694,016

관련된 presentation link는 다음과 같다.

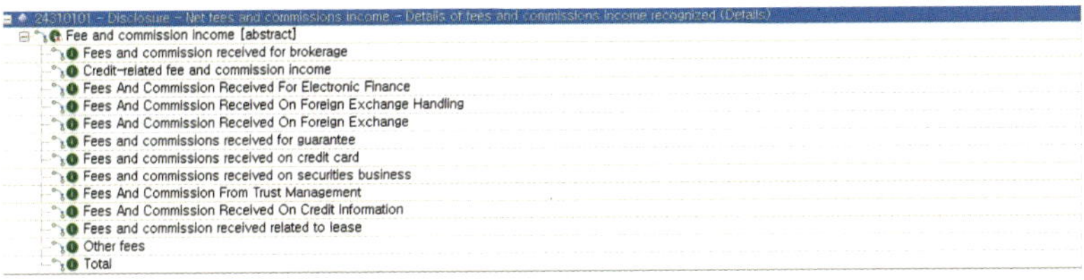

각각의 엘리먼트를 합산하면 합계 엘리먼트인 "ifrs-full_FeeAndCommissionIncome"의 숫자가 나오는 구조이다. 따라서 Calculation Link에서는 각 엘리먼트의 weight는 1이 된다. 다음 발췌본의 세 번째 열이 weight이다. 합계인 "ifrs-full_FeeAndCommissionIncome"이 parent가 되고 나머지 엘리먼트는 child가 된다.

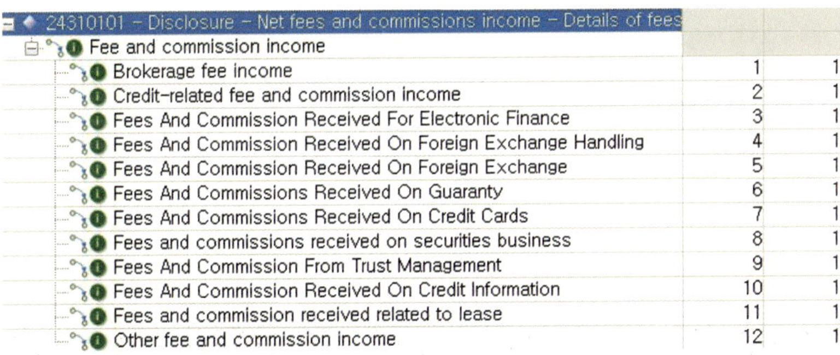

[참고] EDGAR Company Filings

현재 SEC에 공시되고 있는 회사의 XBRL 재무제표를 찾아보기 위해서는 아래 URI에 접속하여 회사를 검색하면 된다.

https://www.sec.gov/edgar/searchedgar/companysearch.html

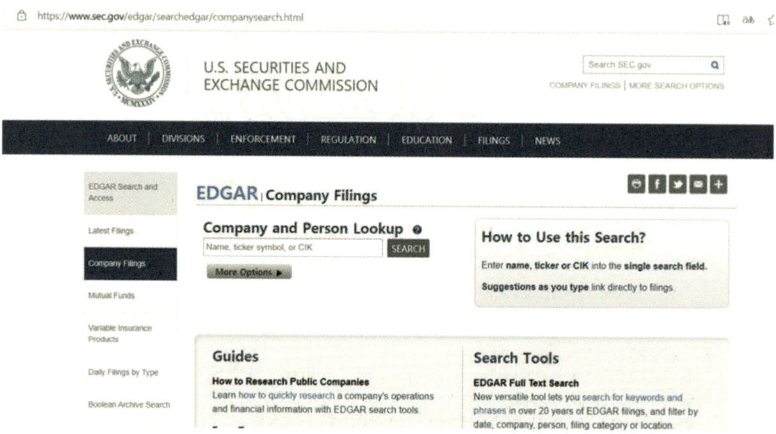

KB Financial Group Inc를 검색하면, 다음과 같이 KB금융지주

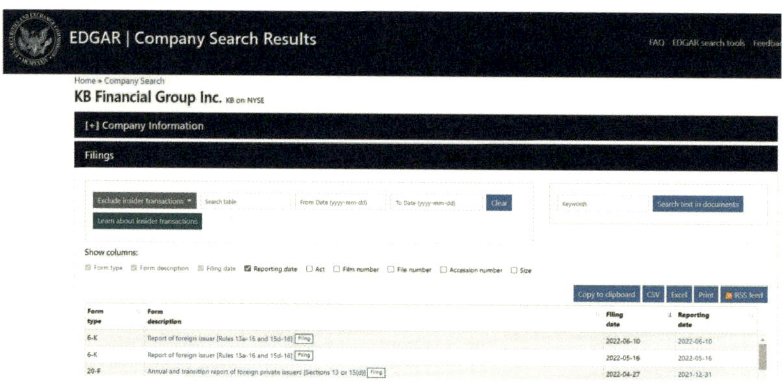

가 공시한 보고서가 검색되는데, "20-F"의 Filing 아이콘을 클릭하면, XBRL 재무제표 세트를 확인할 수 있다.

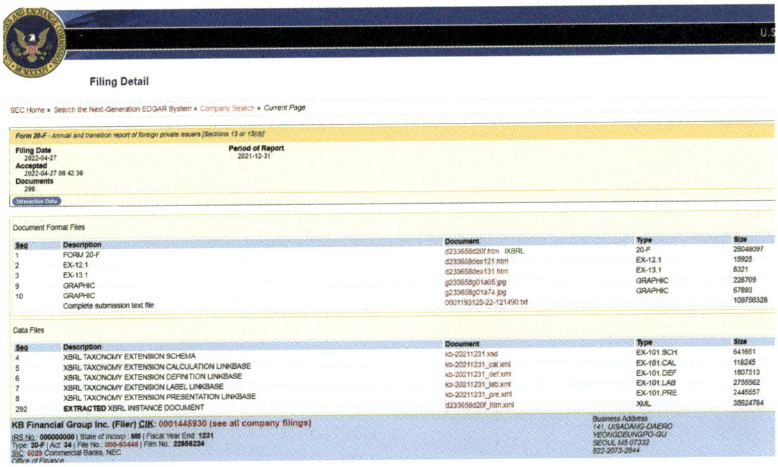

Filing Detail

SEC Home » Search the Next-Generation EDGAR System » Company Search » *Current Page*

Form 20-F - Annual and transition report of foreign private issuers [Sections 13 or 15(d)]

Filing Date 2022-04-27
Accepted 2022-04-27 08:42:39
Documents 298

Period of Report 2021-12-31

Interactive Data

Document Format Files

Seq	Description	Document	Type	Size
1	FORM 20-F	d233658d20f.htm iXBRL	20-F	28048097
2	EX-12.1	d233658dex121.htm	EX-12.1	15925
3	EX-13.1	d233658dex131.htm	EX-13.1	8321
9	GRAPHIC	g233658g01a05.jpg	GRAPHIC	228709
10	GRAPHIC	g233658g01a74.jpg	GRAPHIC	67893
	Complete submission text file	0001193125-22-121490.txt		109756328

Data Files

Seq	Description	Document	Type	Size
4	XBRL TAXONOMY EXTENSION SCHEMA	kb-20211231.xsd	EX-101.SCH	641651
5	XBRL TAXONOMY EXTENSION CALCULATION LINKBASE	kb-20211231_cal.xml	EX-101.CAL	118245
6	XBRL TAXONOMY EXTENSION DEFINITION LINKBASE	kb-20211231_def.xml	EX-101.DEF	1807313
7	XBRL TAXONOMY EXTENSION LABEL LINKBASE	kb-20211231_lab.xml	EX-101.LAB	2756562
8	XBRL TAXONOMY EXTENSION PRESENTATION LINKBASE	kb-20211231_pre.xml	EX-101.PRE	2445557
292	**EXTRACTED** XBRL INSTANCE DOCUMENT	d233658d20f_htm.xml	XML	35624784

KB Financial Group Inc. (Filer) CIK: 0001445930 (see all company filings)

IRS No.: **000000000** | State of Incorp.: **M5** | Fiscal Year End: **1231**
Type: **20-F** | Act: **34** | File No.: 000-53445 | Film No.: **22856224**
SIC: 6029 Commercial Banks, NEC
Office of Finance

Business Address
141, UISADANG-DAERO
YEONGDEUNGPO-GU
SEOUL M5 07332
822-2073-2844

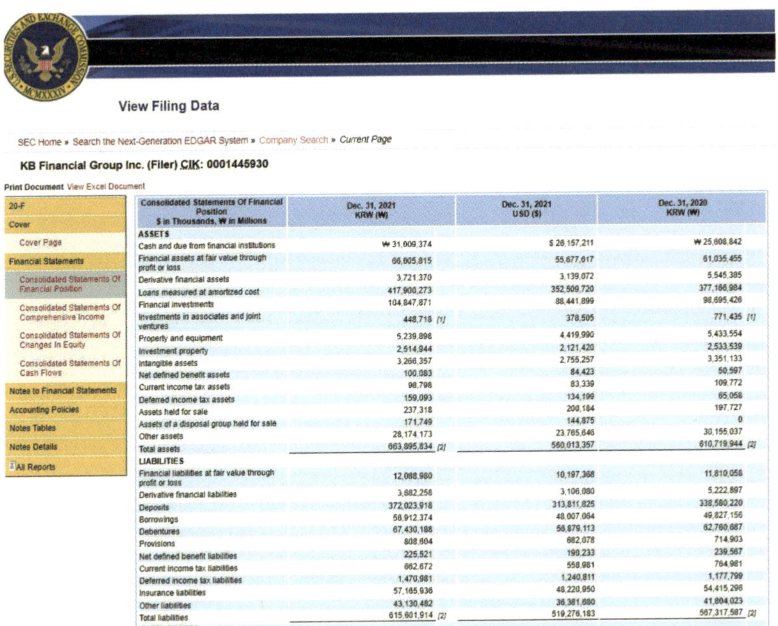

View Filing Data

SEC Home » Search the Next-Generation EDGAR System » Company Search » *Current Page*

KB Financial Group Inc. (Filer) CIK: 0001445930

Print Document View Excel Document

20-F
Cover
Cover Page
Financial Statements
Consolidated Statements Of Financial Position
Consolidated Statements Of Comprehensive Income
Consolidated Statements Of Changes In Equity
Consolidated Statements Of Cash Flows
Notes to Financial Statements
Accounting Policies
Notes Tables
Notes Details
All Reports

Consolidated Statements Of Financial Position $ in Thousands, ₩ in Millions	Dec. 31, 2021 KRW (₩)	Dec. 31, 2021 USD ($)	Dec. 31, 2020 KRW (₩)
ASSETS			
Cash and due from financial institutions	₩ 31,009,374	$ 26,157,211	₩ 25,608,842
Financial assets at fair value through profit or loss	66,005,815	55,677,617	61,035,455
Derivative financial assets	3,721,370	3,139,072	5,545,385
Loans measured at amortized cost	417,900,273	352,509,720	377,166,984
Financial investments	104,847,871	88,441,899	98,695,426
Investments in associates and joint ventures	448,718 [1]	378,505	771,435 [1]
Property and equipment	5,239,898	4,419,990	5,433,554
Investment property	2,514,944	2,121,420	2,533,539
Intangible assets	3,266,357	2,755,257	3,351,133
Net defined benefit assets	100,083	84,423	50,597
Current income tax assets	98,798	83,339	109,772
Deferred income tax assets	159,093	134,199	65,058
Assets held for sale	237,318	200,184	197,727
Assets of a disposal group held for sale	171,749	144,875	0
Other assets	28,174,173	23,765,646	30,155,037
Total assets	663,895,834 [2]	560,013,357	610,719,944 [2]
LIABILITIES			
Financial liabilities at fair value through profit or loss	12,088,980	10,197,368	11,810,058
Derivative financial liabilities	3,682,258	3,106,080	5,222,897
Deposits	372,023,918	313,811,825	338,580,220
Borrowings	56,912,374	48,007,064	49,827,156
Debentures	67,430,188	56,879,113	62,760,687
Provisions	808,604	682,078	714,903
Net defined benefit liabilities	225,521	190,233	239,567
Current income tax liabilities	662,672	558,981	764,981
Deferred income tax liabilities	1,470,981	1,240,811	1,177,799
Insurance liabilities	57,165,936	48,220,950	54,415,296
Other liabilities	43,130,482	36,381,680	41,804,023
Total liabilities	615,601,914 [2]	519,276,183	567,317,587 [2]
TOTAL EQUITY			

[부록] XBRL 용어 해설

용어	설명
abstract	어떤 항목이 단지 관련 항목들을 그룹핑하기 위해 사용됨을 나타내는 항목의 속성. abstract 항목은 인스턴스 문서에서 데이터 입력을 위해 사용될 수 없음.
arcrole	항목 간의 관계 유형을 식별하기 위해 링크베이스 파일에서 사용되는 기술적 개념
attribute	항목 이름, 밸런스, 데이터 타입, 기간 타입 및 abstract 여부와 같은 항목의 속성
axis(pl.axes)	하나의 항목에 대한 값을 특정 기준에 의해 구분 공시하고자 할 때, 그 기준을 나타내기 위해 사용되는 기술적 개념. 예를 들어, 한 기간의 수익(매출)은 사업 부문 axis, 국가 axis, 제품 axis 등을 사용하여 구분 공시될 수 있음.
balance	화폐금액 항목이 가지고 있는 속성으로서, 그 항목이 차변(debit) 항목인지 대변(credit) 항목인지 나타냄.
calculation relationships	숫자가 입력되는 항목들 간의 합산식 관계. 예를 들어, '자산=부채+자본'의 합산식은 summation-item arcrole로 표현되며, 부채와 자본은 +1의 가중치(weight attribute)를 가짐.
calculation linkbase	합산식을 적용할 수 있는 항목들에 대해, 'summation-item' 관계를 통하여 합산식을 정의하는 파일. 가중치(weight attribute)는 +1, -1의 값을 가짐.
context	인스턴스 문서에서 '기업', '일자', '구성요소(member)' 등의 정보를 담고 있는 기술적 개념
decimals	인스턴스 문서에서 value가 십진수 단위로 어떻게 표시될지 지정하는 속성. 예를 들어, 1,000,000의 값을 decimals=-3 으로 지정하면, 1,000으로 표시되며, 0.23을 decimals=3으로 지정하면, 0.230으로 표시됨.
definition linkbase	디멘션 표를 이루는 항목들의 의미적 관계를 'dimension-domain' 관계, 'domain-member' 등의 관계를 통하여 정의하는 파일. 또한 table항목의 속성 정의를 포함함.
dimension	axis를 일컫는 XBRL 스펙 상 용어
dimension table	dimension을 사용하여 구성한 표. 즉, axis, domain member를 포함하는 표를 말함.
domain	axis를 사용하여 구분 공시를 할 때, 구성 요소들의 전체를 나타내는 항목. 예를 들어, 수익(매출)을 국가 axis를 사용하여 구분 공시할 때, '구성 국가 전체'를 domain으로 사용할 수 있음.
domain member	axis를 사용하여 구분 공시를 할 때, 각 구성 요소를 나타내는 항목. 예를 들어, 수익(매출)을 국가 axis를 사용하여 구분 공시할 때, '한국', '미국', '중국' 등이 domain member로 사용할 수 있음. 간단히 member라고 일컫기도 함.

용어	설명
element	XBRL을 구성하는 '항목'. 항목은 axis, domain member, table, line items로 구분됨. line items 중에서 abstract가 아닌 항목들은 데이터 입력을 위해 사용됨.
(Extended) Link Role	항목들의 관계를 정의하는 집합의 단위. 예를 들어, 항목들을 조합하여 '손익계산서' 양식을 만들 경우, '손익계산서'는 하나의 링크롤이 됨.
Extension	사용자가 표준 택사노미의 항목 외에 자체적으로 신규 항목을 생성하는 행위를 말하며, '확장'이라고도 함.
fact	택사노미 항목에 입력된(태그된) 데이터. 데이터는 화폐금액, 텍스트뿐만 아니라, context 정보(기업, 일자 등)와 unit 정보를 포함함.
footnote	항목에 입력된 값에 대한 추가 정보. 문서 하단에 표시되는 주기(숫자 위첨자로 시작되는 텍스트 정보)와 같은 개념
hypercube	table 항목을 일컫는 XBRL 스펙 상 용어
instance	어떤 기업의 재무 데이터가 저장된 파일. 그 기업의 택사노미 파일과 결합하여, XBRL 재무제표가 됨.
label	항목에 부여되는 레이블. 정보이용자가 읽을 수 있는 항목의 이름표라고 할 수 있으며, 여러 언어로 생성 가능함. 또한 한 항목에 대해 여러 유형의 레이블을 부여할 수 있음.
label linkbase	항목에 레이블을 부여하기 위해, 'concept-label' 관계를 통하여 정의하는 파일
line item	디멘션 표 관련 항목(table, axis, domain member)을 제외한 항목을 말함. line items 중에서 abstract가 아닌 항목들은 데이터 입력을 위해 사용됨. line item은 여러 개가 그룹으로 표시될 수 있으며, 또한 디멘션 표에서 domain member들과 결합하여 표시될 수 있음.
linkbase	항목 간의 관계를 정의한 파일. 프리젠테이션 링크베이스, 데피니션 링크베이스, 캘큘레이션 링크베이스, 레이블 링크베이스, 레퍼런스 링크베이스로 구분됨.
mapping	재무제표의 행과 열에 해당하는 항목을 택사노미에서 고르거나 확장을 통해 생성해야 하는지를 결정하는 행위를 말함.
name	항목의 식별자로서, 영문자와 숫자 등으로 이루어짐. 항목들이 모여서 namespace를 이루며, 각 namespace에는 하나의 name으로 하나의 항목만 존재함.
namespace	항목들의 소속을 나타내는 식별자로서 URI로 표현됨.
parent-child relationship	항목 간의 종속 관계를 나타내기 위해 사용되는 개념. 예를 들어, 자산과 유형자산의 관계는 '자산(parent)-유형자산(child)'와 같이 표현할 수 있음.
period type	어떤 항목에 입력되는 데이터가 특정 시점의 데이터(instant)인지 또는 특정 기간의 데이터(duration)인지를 나타내는 속성. 예를 들어, 매출원가는 기간 항목이므로 duration, 재고자산은 기말 잔액 항목이므로 instant로 지정됨.

용어	설명
preferredLable	항목에 부여된 여러 유형의 레이블 중에서 어떤 것을 표시되게 할 것인지 지정하는 기술적 개념. 프리젠테이션 링크베이스에서 지정됨.
presentation linkbase	항목이 어떻게 표시될 것인지를 항목 간의 parent-child 관계를 통하여 정의하는 파일. 항목의 표시 순서를 지정하며, 항목에 부여된 여러 유형의 레이블 중 어떤 레이블이 표시될 것인지를 정의함.
reference linkbase	항목에 관련 기준서 정보를 연결하기 위해, 'concept-reference' 관계를 통하여 정의하는 파일
roleType	링크롤을 정의하기 위해 사용되는 기술적 개념. roleType 정의는 스키마 문서에서 이루어짐.
schema	항목을 정의하고 roleType을 정의하는 파일이며, 다른 스키마를 불러들이거나 링크베이스 파일을 참조하는 역할을 함.
segment/scenario	dimension table에서 table 항목의 contextElement 속성에 대한 속성값. 의미상 큰 차이는 없음.
standard label	항목의 레이블 중에서 기본이 되는 표준 레이블
table	디멘션 표를 이루는 항목으로서, axis 항목들을 그룹핑해주는 역할을 함. hypercube라고도 불림.
tag	항목에 데이터를 입력하는 행위 등 XBRL 보고서를 작성하는 총체적 행위를 말함. XBRL 구문은 < > 기호로 시작과 종료를 표시하기에 tag라는 표현이 사용됨.
taxonomy	항목을 정의하는 스키마(schema) 파일과 항목 간의 관계를 정의하는 링크베이스 파일로 구성된 일련의 파일 그룹
type (data type)	항목의 역할을 정의하는 속성. 또한, 항목에 입력되는 데이터 타입(화폐금액, 텍스트, 백분율, 주식 수 등)을 나타냄.
unit	항목의 value에 추가적으로 입력되는 단위 정보. 예를 들어, '매출' 항목에 100이라는 숫자가 입력되는 경우, 'KRW'라는 단위 정보가 함께 입력되어야 함.
URI	Uniform Resource Identifier의 두문자. 어떤 자원을 식별하기 위한 식별자
value	항목에 입력된 데이터로서, 화폐금액 뿐만 아니라 텍스트 등의 데이터를 총칭
validation	인스턴스 문서와 택사노미가 XBRL 스펙을 올바르게 충족하는지 확인하는 프로세스
XBRL	eXtensible Business Reporting Language의 두문자로서, 확장 가능한 재무 보고 언어를 의미함.